L'ÉCONOMIE MONDIALE 1993

Éditions La Découverte
9 *bis*, rue Abel-Hovelacque
75013 PARIS
1992

LE CEPII

Le Centre d'études prospectives et d'informations internationales est placé auprès du Commissariat général du Plan. Il a pour mission de rassembler des informations et d'effectuer des études prospectives sur l'économie mondiale, les échanges internationaux et les économies étrangères.

Il publie *La Lettre du CEPII*, une revue trimestrielle, *Économie prospective internationale*, et des ouvrages tels que : *Économie mondiale 1990-2000 : l'impératif de croissance*, diffusés par les éditeurs Economica et La Documentation française, 29 quai Voltaire, 75340 Paris Cedex 07.

Si vous désirez être tenu régulièrement informé de nos parutions, il vous suffit d'envoyer vos nom et adresse aux Éditions La Découverte, 9 *bis*, rue Abel-Hovelacque, 75013 Paris. Vous recevrez gratuitement notre bulletin trimestriel **A la Découverte.**

ISBN 2-7071-2147-9

Introduction

L'économie mondiale subit depuis une vingtaine d'années une série de chocs économiques dont la fréquence est élevée et dont les conséquences sont durables : chocs et contre-chocs pétroliers, appréciations et dépréciations du dollar, taux d'intérêts réels fortement négatifs ou positifs... sans compter les chocs politiques : réunification allemande, dislocation du camp socialiste, guerre du Golfe, etc. Par rapport aux années quatre-vingt, 1990 constitue une rupture (cf. *De Berlin à Bagdad*, Economica, CEPII, 1991).

1991 et 1992 apparaissent comme les premières années de la difficile recomposition de l'économie mondiale. Partout les problèmes financiers imposent leurs contraintes. Aux États-Unis, où l'héritage des dérives des années quatre-vingt inhibe la reprise économique, en Allemagne où le coût financier de la réunification pèse sur les taux d'intérêts et par voie de conséquence sur ceux de tous les pays proches ; au Japon, enfin, où, par paliers successifs, on assiste à un dégonflement des bulles spéculatives. Dans le sillage de ces tensions financières, de multiples scandales apparaissent jetant une lumière crue sur des pratiques financières douteuses, appelant un renforcement des contrôles internationaux. Dans ce paysage morose, l'Asie de l'Est et du Sud-Est tranche par sa bonne santé tandis que l'Amérique latine semble, du moins pour quelques pays — tels le Mexique ou la Colombie —, apercevoir la sortie du tunnel de l'endettement. Le monde arabe, ou pire l'Afrique, n'en est pas encore là.

Dans cette période de doute, les gouvernements tentent, avec des succès inégaux, de réformer le système économique mondial. Les négociations du GATT patinent. En dépit des efforts entrepris par la CEE pour réformer sa politique agricole, les États-Unis multiplient les gestes de mauvaise volonté. L'Europe de l'Ouest hésite au seuil d'une nouvelle étape ambitieuse d'intégration économique, monétaire et politique dont le succès conditionne aussi le devenir de l'Est. L'Europe de l'Est qui s'est lancée à corps perdu dans les réformes n'en voit pas encore le bénéfice sans parler de l'ex-Union soviétique dont l'empire n'en finit pas de se décomposer, ou de la Yougoslavie qui fait planer la menace de la guerre sur toute l'Europe. Une course de vitesse est ici engagée entre la réforme et le chaos.

Au « choc de nations » se mêle le choc des firmes mondiales. La recomposition des rapports de force industriels est un processus permanent. Les firmes géantes américaines apparaissent partout sur la défensive, que ce soit IBM, General Motors ou encore Boeing, sous la pression des Japonais bien sûr, mais aussi des Européens. Le jeu de la concurrence et de l'innovation détruit les monopoles, puis, après une période plus ou moins longue, par le biais des fusions, acquisitions ou alliances, il les reconstitue.

Michel FOUQUIN, Daniel PINEYE*

* M. Fouquin, adjoint au directeur au CEPII, et D. Pineye, chargé de mission au CEPII, ont assuré la conception et la coordination de cet ouvrage. Isabelle Bartolozzi et Laure Bonavia ont réalisé la saisie et la mise au point des textes, qu'elles en soient ici remerciées.

Première partie

L'état de l'économie mondiale

I / Les pays développés en panne

*Jean-Pierre Chauffour**

Les années 1991-1992 marquent une pause dans la croissance des pays de l'OCDE après la phase de forte activité impulsée par le contre-choc pétrolier de 1986. Apparue dès 1989 dans les pays anglo-saxons, la récession a été repoussée d'un an en Europe continentale par l'unification allemande. Elle touche, au second semestre 1991, le Japon, mais à un moindre degré, alors même que les prémices d'une reprise se manifestent aux États-Unis. Ce décalage dans le temps s'oppose à la simultanéité des crises des années soixante-dix et montre bien que les conjonctures des trois grands pôles économiques sont, depuis 1989, assez largement autonomes et régies par des mécanismes distincts.

1. L'économie américaine malade de la finance

L'économie américaine semble avoir du mal à sortir de cette neuvième récession depuis 1945, qui s'est caractérisée, à partir de la fin de 1988, par une croissance molle, puis par une chute de la production au dernier trimestre 1990 et une crise financière profonde. Atypique au regard des récessions précédentes quant à ses fondements et son déroulement, la récession actuelle l'est aussi quant aux mécanismes de la reprise.

---

* Chargé de mission au CEPII.

Contrairement aux huit retournements précédents, aucun facteur exogène significatif — guerre de Corée, chocs pétroliers, grèves de 1970, ou changements brutaux de politique économique (1948, 1957, 1960, 1981) — ne peut cette fois être tenu responsable de la récession. La crise du golfe Persique commencée en août 1990 est postérieure aux premiers signes de ralentissement de l'activité. Par ailleurs, les opérations militaires, financées à 90 % par les alliés, n'ont, en définitive, eu qu'un coût psychologique éphémère sur la consommation des ménages et l'investissement des entreprises. Cette guerre fut davantage un accélérateur qu'un facteur explicatif. C'est dans les structures et dans l'héritage financier des années quatre-vingt qu'il faut chercher les causes de la crise des années 1991-1992.

Entre 1975 et 1987, le taux d'épargne des ménages a reculé de six points, l'endettement jouant un rôle déterminant dans ce processus. Ainsi, ce sont près de trois points de taux d'épargne qui ont été perdus entre 1982 et 1987 au seul titre du comportement d'endettement. La période de croissance qui a précédé la récession de 1990 s'est appuyée essentiellement sur une consommation financée par l'endettement dont l'encours a atteint près de 100 % du revenu disponible des ménages en 1990, hypothéquant la croissance de moyen terme.

Parallèlement, les déficits budgétaires atteignaient des niveaux records par le jeu des baisses d'impôt et de l'accroissement des dépenses militaires. Le compromis budgétaire d'octobre 1990 entre le Congrès, à majorité démocrate, et l'administration républicaine de Bush a souligné l'échec des différentes tentatives d'équilibrer les finances publiques sans hausse des impôts. Ce compromis a manifesté une volonté pragmatique de contenir les dépenses de l'État — et non plus seulement les déficits — afin que la politique monétaire ne supporte pas, dans l'avenir, la totalité de l'ajustement macroéconomique. La crise financière de l'État fédéral a touché également certains États fédérés et certaines collectivités locales qui ont vu les recettes transférées par Washington diminuer et le champ de leur compétence s'élargir, c'est-à-dire leurs dépenses augmenter. Au total, la capacité de financement des administrations n'a cessé de se dégrader, diminuant d'autant le taux d'épargne national.

Le système financier a, lui aussi, connu des déboires lorsque le krach de 1987 a mis un terme à la spéculation boursière et que les excès de la construction des années 1983-1986 a fini par crever la bulle spéculative immobilière. Les caisses d'épargne ont été les premières victimes de la déréglementation financière, celle notamment des taux bancaires créditeurs, mais aussi des textes législatifs anachroniques hérités de la crise de 1929, de l'innovation financière et des placements hasardeux dans des titres à hauts risques. Elles ont enregistré des pertes colossales — estimées à 315 milliards de dollars d'ici 1994 — que les contribuables devront éponger dans les années à venir. La dégradation des bilans a aussi atteint les banques commerciales et d'affaires et a, dans un contexte de forte concurrence et d'innovations multiples, fragilisé leur structure financière. La restructuration en cours des bilans a conduit les institutions financières à réviser à la fois le montant et le prix de leurs opérations de crédit.

En définitive, si la crise s'explique par la conjugaison de ces problèmes financiers, la contraction simultanée de l'offre et, phénomène nouveau, de la demande de crédit semble être le facteur déterminant non pas de la récession, mais de son déroulement. En 1979, les autorités monétaires avaient asséché les liquidités pour enrayer l'inflation et avaient réussi à maîtriser le processus. En 1991, les institutions financières ont resserré le crédit pour assainir leurs bilans, mais le processus leur échappe pour l'essentiel.

L'ajustement économique de juillet 1990 à mars 1991 s'inscrit dans la durée moyenne des récessions de l'après-guerre. Le recul de la production, en revanche, représente moins de la moitié de celui des crises précédentes. Il s'apparente davantage aux légères récessions des années soixante qu'aux crises profondes des années soixante-dix et quatre-vingt. Pourtant, sa diffusion à l'ensemble de l'économie a été particulièrement large puisque, au total, 73 % des industries ont dû réduire leurs effectifs. Le chômage a augmenté de deux points et a touché un Américain sur dix en 1991, soit 25 millions de personnes.

La dérive du déficit budgétaire tout au long des années

quatre-vingt a, en définitive, interdit d'utiliser la politique budgétaire pour réguler l'activité. En dehors des assouplissements fiscaux annoncés en début d'année pour stimuler la consommation des ménages, aucun plan d'envergure visant à rénover des infrastructures dégradées ou un système éducatif défaillant n'a été mis en œuvre. L'ajustement macroéconomique a reposé entièrement sur l'assouplissement graduel de la politique monétaire. Les signaux émis par le FED (banque centrale) depuis l'été 1989 sont à cet égard limpides puisque, en six fois, le taux d'escompte a été diminué de moitié.

Tout comme l'investissement productif, la consommation des ménages demeure peu sensible à l'assouplissement de la politique monétaire, alors même que la progression faible, voire négative, des salaires réels entrave la reprise. Dans ce climat morose, le commerce extérieur réalise des performances bienvenues. Grâce à un dollar sous-évalué de 15 % à 20 % par rapport à sa valeur en parité de pouvoir d'achat, la balance commerciale s'est redressée depuis 1987. Les conditions de compétitivité semblent être temporairement restaurées. Pour la première fois depuis 1983, le déficit commercial n'a été que de 73 milliards de dollars en 1991, et le déficit courant a été réduit à − 0,2 % du PIB. Sans cette contribution positive des échanges à la croissance (0,7 point), la récession de 1991 aurait été deux fois plus profonde. Les exportations, dont la croissance a été largement supérieure à celle du commerce mondial, ont davantage contribué au redressement du solde commercial que la contraction des importations.

2. L'Europe continentale et les conséquences de l'unification allemande

La contagion à l'Europe continentale de la récession des pays anglo-saxons, en 1991, s'est trouvée contrebalancée temporairement par la forte croissance de l'Allemagne de l'Ouest.

Les effets directs de la réunification — ouverture du marché de l'ex-RDA, transferts de revenus massifs aux nouveaux

Länder (5 % du PNB ouest-allemand), migrations entre les deux parties de l'Allemagne et éclipse temporaire des exportateurs ouest-allemands occupés à l'Est — ont favorisé la conjoncture européenne des années 1990-1991, tandis que des mesures restrictives d'accompagnement et de financement pesaient sur la croissance allemande (et donc européenne) en 1992.

Une fois décidée la parité des deux marks, contre la volonté de la Bundesbank, la politique monétaire allemande s'est durcie aux premiers signes de tensions inflationnistes en 1990. La politique de taux d'intérêt élevés a été renforcée et est maintenue au premier semestre 1992, d'autant plus fermement que le consensus salarial est fragilisé par le coût de la réunification, comme en témoigne la grève qui a paralysé le service public au printemps 1992. Cette politique a pour but d'éviter que gouvernement et ménages cèdent à la tentation d'échapper, dans l'inflation salariale ou la dérive des finances publiques, aux sacrifices nécessaires. Elle n'a cependant pas empêché le déficit des administrations d'atteindre 3,2 points de PNB en 1991 du fait des transferts vers l'ex-RDA, en dépit de mesures de financements exceptionnelles. Ce déficit se dégrade encore en 1992 à cause, principalement, du ralentissement de la croissance, mais il devrait s'atténuer en 1993 grâce au relèvement du taux de TVA de 14 % à 15 %.

Comme dans toute relance keynésienne, lorsque l'impulsion initiale cesse, les effets négatifs sur la croissance apparaissent. En 1992, l'effet de la réunification aura été négatif pour la croissance de l'Allemagne de l'Ouest qui a cessé d'être la locomotive de l'Europe alors même que ses exportateurs sont revenus en force sur leurs marchés traditionnels. La demande intérieure a fléchi du fait de la réduction des taux de croissance de l'emploi, du revenu disponible et donc de la consommation des ménages, et du fait du retournement du cycle de l'investissement (les taux d'investissement extrêmement forts des années 1989-1991 étaient incompatibles avec la nette contraction des débouchés). 1992 aura été une année charnière pour l'Allemagne unifiée : la croissance a été au plus bas à l'Ouest alors qu'est né à l'Est l'espoir de trouver les chemins de l'expansion.

Pour les autres pays de l'Europe continentale, le cycle conjoncturel est décalé par rapport à celui de l'Allemagne. La reprise, attendue dès la fin de la guerre du Golfe — fin février 1991 —, s'y est produite seulement en 1992. La conjoncture y est par ailleurs influencée par les perspectives de l'union monétaire. Les membres les plus vertueux du système monétaire européen (SME) ne peuvent s'affranchir du *leadership* monétaire allemand, tandis que les autres doivent progresser dans la convergence de leurs économies.

La France modèle...

La France, avec une inflation contenue à 3 % depuis 1986 et un déficit et une dette publics modérés, satisfait d'ores et déjà en 1992 aux conditions définies en décembre à Maastricht. Elle est, cependant, contrainte de pratiquer une politique monétaire contraire à ses intérêts en attendant l'union économique et monétaire. Son taux d'intérêt réel est, en 1992, supérieur à celui de l'Allemagne (6,5 % contre 5,5 %). La croissance des années 1988 et 1989 de l'économie française s'est ralentie fortement en 1990 et 1991, années pendant lesquelles la progression du PIB n'a plus été que de 2 % et 1,3 %. En 1990, la croissance des exportations a subi un net repli alors que le pouvoir d'achat des ménages fléchissait, ce qui se répercutait sur leur consommation. En 1991, l'investissement des entreprises a chuté tandis que la demande extérieure en provenance de l'Allemagne se redressait. Les conditions de l'offre étaient satisfaisantes : inflation contenue, situation financière des entreprises bonne et compétitivité croissante.

Depuis 1990, le taux d'épargne des ménages se redresse, contrairement au comportement habituel qui incite à réduire l'épargne en période de ralentissement de la croissance du pouvoir d'achat. Cette hausse de l'épargne s'est traduite par une baisse de l'activité, et donc de l'investissement, et non par une baisse des taux d'intérêt réels. La politique budgétaire, elle aussi contrainte par les engagements de Maastricht, n'a pu soutenir l'activité en 1991-1992. Pourtant, les stabilisateurs automatiques ont pleinement joué. Mais les besoins de financement des administrations se sont aggravés (2,2 %

du PIB en 1991 contre 1,8 % en 1990). Au total, la croissance française apparaît foncièrement saine, mais sans moteur interne, sans perspective de résorption rapide d'un chômage qui se montait à 10 %.

L'Italie connaît une situation paradoxale : ardent défenseur de la construction européenne, elle a l'une des économies européennes les moins prêtes à participer à l'union monétaire. Le besoin de financement des administrations dépasse 10 % du PIB en 1991-1992, l'inflation se maintient à un rythme élevé (6,4 % en 1991), la dette brute de l'État dépasse 100 % du PIB. En 1991, c'est la détérioration des échanges extérieurs qui a principalement affecté la croissance italienne, la demande intérieure progressant encore rapidement. L'inflation se maintient en raison, notamment, des augmentations salariales du secteur privé dans un contexte de stagnation des gains de productivité. Cependant, la décision de geler l'échelle mobile, c'est-à-dire le système d'indexation des salaires, pour six mois à compter de décembre 1991 modifiera l'inflation salariale en 1992.

3. Le Japon face au krach financier larvé

Du quatrième trimestre 1987 au premier trimestre 1991, l'économie japonaise a connu une expansion très rapide (5,6 % l'an en moyenne pour le PNB). Au cours de la période 1987-1990, la consommation des ménages a ainsi crû de plus de 4 % par an, l'investissement productif de 10 % à 15 % et l'investissement-logement de 10 %. Le précédent record de durée dans l'expansion, les cinquante-sept mois du « boom Inazagi » des années 1965-1970, était en passe d'être rejoint. Mais, en 1991, après un premier trimestre très soutenu (+8,3 % en rythme annuel pour le PIB), la croissance est tombée, pendant les autres trimestres, à 2,8 %, puis à 1,6 %, pour devenir négative (−0,2 %). Il s'agissait, cependant, d'une récession « à la japonaise » (moins de 3 % de croissance pendant deux trimestres consécutifs), plutôt que d'une récession tout court. 1992 semble devoir être, en revanche, une année sombre pour le Japon. Pour la première fois depuis près de vingt ans, la croissance aura été inférieure à 2,5 %. L'expansion des années précédentes a donc pris fin.

La période de l'argent facile est terminée. Les taux d'intérêt à court terme, extrêmement bas de 1985 jusqu'à la fin de 1989 (moins de 5 % pour le taux du marché monétaire au jour le jour, 2,5 % pour le taux d'escompte), ont permis aux entreprises, soucieuses d'investir massivement en réponse à la baisse du dollar et à la raréfaction de la main-d'œuvre, de bénéficier de conditions de financement exceptionnelles. Mais cette politique d'argent facile a contribué à alimenter une spéculation boursière effrénée : de la mi-1986 — début du phénomène — jusqu'à la fin 1989 — où il s'est terminé —, les cours ont été multipliés par 2,5 environ. Le krach boursier de l'automne 1987 n'a été qu'une péripétie vite oubliée. Grâce aux anticipations haussières, les entreprises ont pu lever des fonds sans difficulté et à faible coût sur les marchés de capitaux. En émettant, notamment, des obligations convertibles et des bons de souscription en actions sur les marchés domestiques (150 milliards de dollars d'obligations de 1987 à 1989, et 100 milliards d'actions) et étrangers (150 milliards de dollars d'obligations sur la même période). Enfin, les faibles taux d'intérêt ont également alimenté la spéculation dans le secteur immobilier qui a bénéficié d'une forte croissance.

Le souci de stopper l'accélération régulière de l'inflation et d'assainir des opérations financières, marquées par la spéculation et les scandales, a conduit les autorités à resserrer la politique monétaire à partir de la mi-1989. De 2,5 % en mai 1989, le taux d'escompte a été porté par des relèvements successifs à 6 %, niveau qui s'est maintenu jusqu'à l'été 1991. Dans le même temps, le taux de l'argent au jour le jour passait de 4 % à 7,5 %. Les anticipations sur les marchés boursiers et immobiliers se sont retournées. L'indice Nikkei a baissé de 40 % en 1990 (en glissement, mais de 20 % en moyenne annuelle). Les prix de vente de l'immobilier ancien ont nettement chuté en 1991, les prix du terrain ont baissé dans les grandes agglomérations.

Par ailleurs, les banques ont réduit leurs activités de prêt pour rendre leurs bilans conformes aux préceptes de la Banque des règlements internationaux et pour endiguer la multiplication des créances douteuses à mesure que se dégonflait la bulle financière. Comme la levée de fonds sur un marché boursier en plein marasme est devenue difficile et coûteuse, le coût de financement de l'investissement tend à dépasser, en 1992, le taux de profit qui est, lui-même, en net repli.

L'ajustement macroéconomique de l'économie japonaise a donc des fondements largement financiers. Cependant, à l'inverse des États-Unis, les conditions réelles de la croissance sont toujours réunies. La compétitivité des entreprises est excellente, comme l'atteste l'excédent commercial de plus de 100 milliards de dollars en 1991, et la faiblesse actuelle du yen est plutôt de nature à la renforcer. Le taux de chômage est très bas et la contrainte de main-d'œuvre reste une puissante incitation à investir. L'inflation est redescendue en dessous de 3 % en dépit des tensions sur le marché du travail. Au total, le passage à vide semble être plutôt une pause qu'une récession grave, même s'il a suffisamment ému les autorités pour qu'elles annoncent, début avril 1992, une baisse du taux d'escompte (de 4,5 % à 3,75 %) et un plan de soutien budgétaire. En effet, une fois atteint le double objectif de freiner l'inflation et d'enrayer la spéculation boursière et immobilière, il est devenu prioritaire de ne pas casser la croissance. Cette orientation n'a pas entraîné de fortes dépréciations du yen en raison du bas niveau des taux aux États-Unis, du retour d'un excédent commercial important et, phénomène nouveau, d'entrées de capitaux de long terme. Par ailleurs, l'assainissement des finances publiques mené depuis le début des années quatre-vingt autorise l'utilisation de la politique budgétaire à des fins de soutien conjoncturel. La mise en place du programme pluriannuel de rénovation des infrastructures publiques a été avancée début avril 1992. Au total, le gouvernement s'est donné les moyens d'amortir le retournement de conjoncture.

Plus inquiétante est la crise financière. La chute de l'indice Nikkei, de près de 50 % en juin 1992 par rapport à son point haut du début 1990, et la baisse des prix de l'immobilier dans les grands centres urbains ont fragilisé les bilans des entreprises et des institutions financières. L'effet de richesse lié aux moins-values sur les actifs devrait avoir des conséquences limitées sur la consommation des ménages, notamment au regard du précédent krach de 1987. Pour les entreprises, en revanche, la crise financière est plus douloureuse : les faillites ont été nombreuses dans le secteur immobilier et les maisons de titres ont enregistré de lourdes pertes. Les créances douteuses se sont multipliées dans les bilans des banques. Les entreprises industrielles, qui avaient pu lever des fonds par l'émission d'obligations convertibles, vont devoir refinancer de gros emprunts. Ainsi, si le retournement économique de 1991-1992 est facilement digéré par l'économie japonaise, la crise financière, sans effet réel immédiat, marque peut-être un tournant dans le modèle de croissance japonais.

Au total, la médiocrité de la croissance des années 1991-1992 dans les pays développés résulte, pour une large part, de difficultés financières héritées des politiques passées : endettements américains et spéculation japonaise, d'un côté, financement de l'unification allemande, de l'autre.

BIBLIOGRAPHIE

« 1992-1997 : la croissance difficile », *La Lettre du CEPII*, nos 103-104, mai-juin 1992.

CEPII, *Économie mondiale 1990-2000 : l'impératif de croissance*, Economica, Paris, 1992.

FMI, *World Economic Outlook*, mai 1992.

OCDE, *Perspectives économiques de l'OCDE*, juin 1992.

II / Pays en développement : améliorations timides et inégales

*Agnès Chevallier**

Le démarrage de la décennie a été particulièrement médiocre pour l'ensemble des pays en développement. La croissance enregistrée en 1991 est l'une des plus faibles de ces dernières années (3,3 % contre une moyenne de 3,9 % pour les six années précédentes). Le conflit du Moyen-Orient, la récession des pays industrialisés, l'effondrement des économies d'Europe de l'Est ont affecté directement la plupart de ces pays. Ce résultat intervient après une décennie quatre-vingt marquée, pour le plus grand nombre d'entre eux, par la crise de la dette et les contraintes de l'ajustement. Le ralentissement de la croissance qui s'est alors produit a creusé l'écart entre les revenus par habitant des pays en développement et ceux des pays industrialisés. La Banque mondiale constate, dans son rapport 1992, qu'entre 1985 et 1990 la pauvreté s'est aggravée dans toutes les régions en développement, à l'exception de l'Asie.

Pour l'avenir à moyen terme, les perspectives paraissent toutefois meilleures. La poursuite des réformes économiques et l'allégement du fardeau de la dette devraient autoriser une croissance plus forte. Il est vrai que la mise en œuvre des programmes d'ajustement a souvent, dans un premier temps, produit des effets récessifs. Mais on attend des politiques d'ouverture et de libéralisation une amélioration globale de l'efficacité économique. Dans le domaine de la dette et des

* Économiste senior au CEPII.

financements extérieurs, les progrès, s'ils restent limités, sont incontestables. Le montant total des apports nets de ressources aux pays en développement, qui avait brutalement diminué à la suite de la crise de la dette de 1982, s'est redressé à partir de 1988. Parmi ces apports de ressources, ceux qui ne constituent pas de nouvelles dettes (les dons, les investissements directs) ont pris une part croissante, limitant ainsi la montée des encours. Par ailleurs, des réductions sensibles de ces encours ont été obtenues par des rachats à valeur réduite sur le marché secondaire ou ont été accordées par les créanciers publics ou privés. Longtemps inacceptables — tant qu'il s'agissait d'abord de préserver le système bancaire international du risque de rupture —, les annulations de dettes dues à des créditeurs officiels et les dévalorisations des créances bancaires sont en effet aujourd'hui au cœur de la stratégie de réduction de la dette. Les progrès dans les processus de réformes internes et dans la réduction de dette vont de pair et se renforcent. Ils sont cependant très inégaux selon les régions.

1. Amérique latine : le redémarrage

L'évolution économique, en Amérique latine, est certainement le changement le plus positif des tendances récentes des pays en développement. Pour la première fois depuis quatre ans, l'Amérique latine a enregistré, en 1991, une progression de son revenu par tête. Il s'agit certes d'une progression modeste (0,8 %), qui ne fait que ramener le revenu par tête au niveau atteint en 1977. Mais on veut croire qu'il s'agit là d'un véritable revirement par rapport aux tendances antérieures que d'autres signes d'amélioration tendent à confirmer. L'hyperinflation a pratiquement été éliminée, l'inflation moyenne est passée de 600 % en 1990 à 160 % en 1991. Pour la première fois depuis dix ans, le transfert financier net est redevenu positif : les entrées nettes de capitaux extérieurs ont dépassé les paiements d'intérêts et de profits à l'étranger de 6,7 milliards de dollars. Enfin, l'accord sur la réduction de la dette argentine obtenu dans le cadre de l'*Initiative Brady* au deuxième trimestre 1992 — et qui laisse

TABLEAU I. — PAYS EN DÉVELOPPEMENT : CROISSANCE PAR GRANDE ZONE

Taux annuels moyens (en %)	*Croissance du PIB*				*Croissance du PIB par tête*			
	1990	*1991*	*1992*[p]	*1993*[p]	*1990*	*1991*	*1992*[p]	*1993*[p]
Amérique latine	−0,1	2,8	2,7	4,2	−2,1	0,8	0,6	2,1
Asie :	5,6	5,8	5,5	5,7	3,8	4,1	3,9	4,0
— pays industriels	6,7	7,5	6,3	6,3	5,5	6,4	5,2	5,1
— pays du Sud-Est[1]	7,7	5,9	6,7	7,1	5,8	4,0	4,8	5,2
— Chine[1]	5,2	7,0	7,8	7,5	3,8	5,6	6,4	6,1
— sous-continent indien[1]	5,5	2,7	4,6	5,0	3,1	0,4	2,2	2,6
Moyen-Orient	4,2	0,4	14,8	7,3	1,0	−2,1	10,4	4,2
Afrique subsaharienne	0,6	1,5	2,1	2,2	−2,4	−1,7	−1,2	−1,0
Pays en développement	3,5	3,3	6,7	5,4	1,2	1,3	4,2	3,2

Source : FMI, *World Economic Outlook*, mai 1992, sauf (1) : ASIAN DEVELOPMENT BANK, *Asian Development Outlook*, 1992, pour les PIB, et estimations CEPII pour les PIB par tête, à partir des statistiques démographiques de l'ONU.

NB. — En Asie, les pays industriels comprennent la Corée du Sud, Taiwan, Hong Kong et Singapour ; les pays du Sud-Est, l'Indonésie, le Laos, la Malaysia, les Philippines, la Thaïlande et le Vietnam ; le sous-continent indien, le Bangladesh, l'Inde, le Népal, le Pakistan et Sri Lanka.

p) Prévision de mai 1992.

augurer un accord du même type pour le dernier poids lourd de la dette, le Brésil — est considéré comme le symbole de la fin de la crise de la dette en Amérique latine.

Ce redressement est à mettre à la fois au crédit de la stratégie de réduction de la dette et à celui des politiques d'ouverture et de libéralisation menées ces dernières années. Les deux éléments sont indissociables. Si les programmes de stabilisation et de réformes structurelles se sont révélés un préalable à l'obtention des accords de réduction, ces derniers ont permis de consolider les réformes et de restaurer la confiance des investisseurs. Le Mexique — pays dont on se plaît à dire qu'il a maintenant de plus en plus de partenaires et de moins en moins de créanciers — en offre le meilleur exemple. En revanche, le Brésil, qui pèse plus du tiers du poids économique de la région, est resté à l'écart des progrès obtenus chez beaucoup de ses voisins. L'activité, qui avait enregistré une chute de 4 % en 1990, n'a connu une progression que de 1 % en 1991. L'inflation, sensiblement ralentie en début d'année, est remontée au cours des derniers mois et restait, au début de 1992, accrochée à des taux de progression mensuelle de l'ordre de 25 %. La compétitivité brésilienne dans le secteur manufacturier s'est détériorée. La réduction des entrées de capitaux a alourdi le transfert financier net du Brésil vers l'extérieur (– 8,5 milliards de dollars en 1991).

Un changement d'image

Les différents pays d'Amérique latine appliquent aujourd'hui des politiques d'ajustement qui ont très largement les mêmes objectifs et la même inspiration. Mais c'est essentiellement leur capacité à réaliser l'ajustement budgétaire qui les différencie. Cette capacité est plus grande chez ceux dont les exportations minières ou pétrolières procurent aux États des recettes en devises leur permettant de servir leur dette externe. Elle est surtout plus grande dans les pays où le rééquilibrage budgétaire ne se heurte pas à de trop grandes résistances politiques et sociales. Ce rééquilibrage a été jusqu'alors essentiellement effectué par une compression très sévère des dépenses qu'il sera difficile de maintenir. Quant à l'augmentation des recettes, elle est venue surtout des opérations de privatisation qui ne sauraient représenter une source permanente de ressources. C'est un des éléments de fragilité des bons résultats obtenus par la région en 1991.

Si l'image de l'Amérique latine est incontestablement en train de changer, il est trop tôt, cependant, pour être assuré que les pays de la région sont bien entrés dans un cercle vertueux où la croissance des exportations, le retour des capitaux en fuite et les investissements étrangers permettraient de financer, sans montée excessive de l'endettement, des importations en croissance très rapide du fait de la reprise économique et de la libéralisation. La situation du Mexique, considérée comme exemplaire, ne correspond d'ailleurs pas tout à fait à ce schéma. En 1991, la progression des exportations de ce pays, ralentie par la faiblesse de la demande internationale et la baisse des prix, est restée très inférieure à celle des importations (1,5 % contre 25,9 %) et la balance courante a été déficitaire de 12,5 milliards de dollars. En revanche, les investissements directs ont bien constitué une part importante des entrées de capitaux. Cette même année, le Mexique, qui a attiré plus de la moitié des capitaux entrés en Amérique latine (19,5 milliards de dollars sur un total de 36), a reçu, au cours des huit premiers mois, 8,3 milliards de dollars d'investissements directs. On attend de la reprise aux États-Unis et de l'aboutissement des négociations sur l'accord de libre-échange nord-américain une progression des exportations mexicaines. Plus généralement, cet accord marquera l'irréversibilité des options économiques prises par le Mexique au cours des années quatre-vingt. A ce titre, il devrait renforcer la confiance des opérateurs privés nationaux et étrangers et favoriser la croissance qui serait l'une des plus rapides de la région. Cependant, la situation économique brésilienne, les difficultés persistantes de pays comme le Pérou vont continuer, au moins jusqu'en 1993, de limiter la croissance de l'ensemble de l'Amérique latine. Elle resterait en 1992, comme en 1991, de l'ordre de 3 %.

2. Asie : toujours en tête pour la croissance

Les pays en développement d'Asie continuent d'enregistrer une croissance rapide (5,8 % en 1991), nettement supérieure à celle de l'ensemble des pays en développement. Cette croissance — qui marque cependant un ralentissement par rapport aux performances antérieures — apparaît plus autocentrée qu'auparavant, traduisant à la fois une réaction aux difficultés de l'environnement extérieur et le développement d'un mode de croissance reposant davantage sur la demande interne et la dynamique du commerce intrarégional.

Les quatre pays industriels d'Asie ont connu, à la fin des années quatre-vingt, une pause dans la croissance accélérée enregistrée jusque-là. La progression de l'activité, qui s'était maintenue à un taux annuel moyen de plus de 8 % depuis le milieu des années soixante-dix, est passée à 6,3 % en 1989 et à 6,7 % en 1990. Des tensions très fortes sur le marché de l'emploi et l'insuffisance des infrastructures ont accru les pressions inflationnistes. La hausse des salaires nominaux, conjuguée au ralentissement des gains de productivité, a réduit la compétitivité extérieure mise à mal par la réévaluation des monnaies vis-à-vis du dollar, puis du yen. Les excédents extérieurs se sont contractés, la Corée enregistrant, en 1990, des déficits de ses opérations commerciales et courantes. Ces évolutions ont contribué au ralentissement de la croissance et ont, en même temps, produit un recentrage de l'économie sur la demande intérieure. La consommation privée d'abord, stimulée par les hausses de salaire réel, puis la consommation publique ont permis de compenser la réduction de la contribution du solde extérieur à la croissance.

En 1991, la croissance a continué d'être soutenue par la demande intérieure, publique notamment. Mais les exportations de l'ensemble des quatre pays ont connu une reprise de près de 13 % en volume contre 3,6 % et 6,2 % les années précédentes et ont permis le retour à une croissance globale de plus de 7 %. La reprise des exportations a été particulièrement forte à Taiwan et à Hong Kong grâce au marché chinois, un peu moins rapide en Corée du fait de l'érosion de la compétitivité de ce pays. En revanche, Singapour a été affecté par la faiblesse de la demande mondiale — et plus particulièrement américaine — et par la concurrence des pays d'Asie du Sud-Est qui ont mis en difficulté son industrie électronique.

Pour les prochaines années, les plans nationaux de la

Corée et de Taiwan et les projets de grands travaux à Hong Kong confirment le recentrage sur la demande interne. Par ailleurs, le plan coréen (1992-1996) affiche une priorité à la stabilité plutôt qu'à la croissance avec pour objectif de limiter l'inflation et d'éliminer les déficits extérieurs.

Les pays du Sud-Est asiatique, qui constituent la deuxième génération de NPI, ont bénéficié, à la fin des années quatre-vingt, d'un environnement international particulièrement favorable et sont devenus les champions de la croissance. Mais le ralentissement, déjà perceptible en 1990, s'est accentué en 1991 (5,9 %). Ces économies très ouvertes n'ont pas été insensibles à la contraction de la demande mondiale, bien que leurs exportations manufacturières aient enregistré une progression encore très forte. Mais les plus dynamiques d'entre elles — la Thaïlande et la Malaysia — connaissent des contraintes internes qui ne sont pas sans rappeler celles des économies industrialisées d'Asie et qui sont le produit de la très forte croissance des années précédentes. Le ralentissement observé dans ces pays est donc aussi le résultat des politiques fiscales ou monétaires plus restrictives qu'ils ont menées — notamment la Thaïlande — pour résorber les principales sources de tension et de déséquilibre. Quant aux Philippines, qui ont subi en 1991 une série de catastrophes naturelles, elles ont enregistré une nette dégradation avec une croissance très réduite (0,4 %) et une forte inflation (17,7 %).

Chine et Inde : l'ouverture

En Chine également, la croissance très rapide des années quatre-vingt (9 % en moyenne annuelle) a provoqué une montée de l'inflation, accélérée par le passage délicat d'un système de contrôle direct sur l'économie à des dispositifs de régulation indirecte. Le plan d'austérité adopté en 1989 visait à réduire les sources de tensions économiques. Il s'est traduit par un net ralentissement de la croissance (3,9 % en 1989, 5 % en 1990) aggravé par le durcissement politique qui a suivi la répression de Tien An Men. En 1991, le plan d'austérité a pu être relâché, la croissance s'est établie à 7 % et l'inflation a été limitée à 4 %. Avec le redémarrage de la croissance, les importations chinoises ont connu une forte reprise (+19,5 %) dont ont bénéficié les pays voisins. Mais la progression des exportations a été suffisamment forte pour dégager, comme l'année précédente, un excédent commercial de plus de 8 milliards de dollars. La politique d'ouverture pratiquée par la Chine au cours des années quatre-vingt lui a permis de bénéficier d'apports de technologie et de financements extérieurs et de développer de nouveaux secteurs d'exportation : petit matériel mécanique, produits électroniques grand public, cuirs, chaussures, etc. Les complémentarités entre la Chine et ses voisins plus industrialisés lui offrent une place importante dans les perspectives d'organisation régionale qui se développent en Asie.

C'est certainement dans le sous-continent indien que les conséquences de la guerre du Golfe ont été le plus ressenties. La diminution des transferts effectués par les travailleurs émigrés dans les pays du Moyen-Orient — qui s'observait déjà depuis plusieurs années — a pris des proportions dramatiques. La région s'est trouvée privée de débouchés commerciaux importants. La croissance, qui s'était sensiblement améliorée au cours de la décennie quatre-vingt (5,6 % en moyenne annuelle contre 3,1 % au cours de la décennie précédente), s'est fortement contractée en 1991 (2,7 %). Ce ralentissement n'est toutefois pas sans rapport avec les politiques économiques d'ouverture et de libéralisation dans lesquelles les pays de la région, et particulièrement l'Inde, sont de plus en plus résolument engagés. L'expansion des dépenses publiques — qui avait été l'un des moteurs de la croissance des années quatre-vingt — avait aussi conduit à l'accumulation des déficits budgétaires et à la montée de l'endettement extérieur. La réduction des déficits publics et la maîtrise de l'endettement sont parmi les objectifs essentiels des programmes de réformes soutenus par les organisations internationales. A court terme, cependant, la poursuite de ces objectifs contribue au ralentissement de l'activité.

Au cours des prochaines années, les progrès attendus en Amérique latine, la maîtrise de la croissance des économies les plus performantes en Asie devraient sensiblement réduire l'écart qui s'était creusé entre les rythmes de progression des deux régions. L'intégration de l'une et l'autre à l'économie mondiale devrait se renforcer. Cette intégration paraît beaucoup plus problématique pour les deux autres zones en développement : le monde arabe et l'Afrique subsaharienne.

3. Monde arabe : le poids du pétrole

La caractéristique économique essentielle du monde arabe est son exceptionnelle richesse en hydrocarbures. A partir du premier choc pétrolier, la rente a financé des investissements considérables et a autorisé des hausses substantielles des niveaux de vie. Elle n'a pas permis cependant d'édifier des systèmes productifs disposant d'une certaine autonomie à l'égard des recettes pétrolières. Aussi les résultats économiques de cette zone restent-ils très liés à l'évolution du marché pétrolier mondial. A cet égard, les perspectives à moyen terme laissent attendre l'apparition progressive d'une tension sur les capacités de production et une remontée des prix. Après une décennie de stagnation, la dépression causée en 1991 par la guerre et le rattrapage de 1992, la croissance pourrait se redresser. Mais sa stabilité restera soumise à la résolution des conflits entre les pays de la région et à la nature des rapports qui pourront s'établir entre les producteurs du Golfe et les pays industrialisés dont la dépendance pétrolière va s'accroître.

4. Afrique subsaharienne : la dégradation

Le début de la décennie a montré une nouvelle fois que l'Afrique subsaharienne, mal placée pour profiter des opportunités de croissance offertes par un environnement international dynamique, est, en revanche, affectée par un environnement déprimé. La dégradation de sa situation économique, qui a caractérisé les années quatre-vingt, s'est poursuivie en 1991. Le revenu réel par habitant a continué de baisser (– 1,7 %), l'inflation s'est accélérée. Le prix des produits primaires exportés a encore fléchi, la progression des volumes exportés a été trop faible pour compenser la perte sur les termes de l'échange et le volume des importations a diminué. Le taux d'investissement est resté faible, le déficit des finances publiques n'a pas été réduit. Seul point positif, l'amélioration de la production de l'agriculture vivrière, qui avait été enregistrée au cours des dernières années, s'est confirmée. Les pays africains, qui ont engagé et poursuivi des programmes d'ajustement structurel, ont, semble-t-il, obtenu globalement de meilleurs résultats. Cela pourrait fonder un certain optimisme quant à l'efficacité de ces programmes et aux perspectives d'avenir. Mais force est de constater que ces pays ont bénéficié aussi d'un soutien financier beaucoup plus large. Si l'un des objectifs des programmes d'ajustement est de réduire la dépendance à l'égard des financements extérieurs, il est encore loin d'être atteint.

Pour 1992 et 1993, les estimations indiquent une croissance à peine meilleure. Proche d'un taux annuel de 2 %, elle resterait inférieure à la croissance démographique et signifierait à nouveau un recul des niveaux de vie moyens. Pourtant, sur l'ensemble des années quatre-vingt-dix, la Banque mondiale prévoit que le revenu réel par habitant pourrait être maintenu, voire légèrement amélioré. Cette hypothèse, largement normative, suppose que les pays africains récolteront les fruits d'une amélioration de leur politique économique et pourront bénéficier d'une hausse des prix internationaux des matières premières ainsi que de réductions de leur dette. Jusqu'à présent, les opérations de réduction de dettes des pays sévèrement endettés à bas revenu (26 pays dont 24 africains), qui ont concerné quelque 7,5 milliards de dollars de créances ainsi que des rééchelonnements selon les termes de « conditions de Toronto » (1989), n'ont permis de réduire le service de la dette que de moins de 10 %. Il est clair que seules des mesures plus conséquentes de réduction des dettes sont susceptibles de sortir de leur situation de surendettement ces pays incapables d'investir suffisamment pour créer les capacités de remboursement de la dette acquise. C'est pourquoi les dernières propositions de règlement de la dette des pays à bas revenu (proposition Pronk et conditions de Trinidad de fin 1990) se rapprochent de plus en plus d'une solution d'apurement. Mais cette annulation pèsera sur les budgets publics des pays créanciers d'où provient aussi l'essentiel des financements extérieurs des pays africains. La réduction du fardeau de la dette est envisageable, mais les flux d'aide « neuve » risquent de s'en trouver limités. Cela d'autant plus que, face à un montant global relativement invariable des flux d'aide accordés par les pays de l'OCDE, les candidats à cette aide se multiplient.

Des interrogations

Même si la chute du revenu par tête parvient à être stoppée, l'écart avec les pays industrialisés, mais aussi avec le reste du monde en développement, continuera de se creuser au cours de la décennie. Pourtant, la fin de l'*apartheid* et la réintégration de l'Afrique du Sud au continent, les sursauts politiques qui se produisent en maints endroits sont autant d'éléments positifs. Mais il n'est pas exclu qu'ils aient d'abord un coût économique. Face aux menaces qui pèsent sur le continent, alors qu'il n'y a guère d'alternative aux politiques d'ajustement mises en œuvre par les institutions internationales, il n'est pas étonnant que resurgissent des questions fondamentales sur le non-développement de l'Afrique et sur la possibilité qu'y soit appliqué un modèle économique reposant sur la compétitivité internationale. Et, face à l'échec du développement économique, il n'est pas étonnant non plus que l'attention se porte sur les moyens de limiter la croissance démographique.

BIBLIOGRAPHIE

Économie mondiale 1990-2000: l'impératif de croissance, CEPII, Economica, Paris, 1992.

World Economic Outlook, FMI, mai 1992.

Global Economic Prospects and the Developing Countries, Banque mondiale, 1992.

Rapport sur le développement dans le monde, Banque mondiale, 1992.

CEPAL, « Preliminary Overview of the Latin American and Caribbean Economy 1991 », *Notas sobre la economia y el desarrollo*, n°s 519-520, décembre 1991.

Asian Development Outlook, Asian Development Bank, 1992.

« Chine : métamorphose économique et blocages politiques », *La Lettre du CEPII*, n° 101, février 1992.

Rapport sur le développement en Afrique, Banque africaine de développement, 1992.

III / Europe centrale et orientale Inquiétudes

*Dominique Pianelli**

L'inquiétude domine lorsque l'on considère la situation en Europe centrale et orientale. Le « bout du tunnel » n'est visible ni aux premiers engagés dans la voie de l'ajustement et des réformes (Hongrie, Pologne et, plus tardivement, Tchécoslovaquie) ni aux derniers (Bulgarie et Roumanie). Ouverte, de façon décisive, en janvier 1990, par la mise en œuvre, en Pologne, du plan Balcerovicz, ministre des Finances, la route du marché apparaît longue et difficile. La crise économique perdure, quelles que soient les options adoptées, radicales ou graduelles, la durée du processus ou la situation de départ. Toutes les différences que l'on pouvait mettre en évidence en 1990 (niveau de contrainte extérieure, spécialisation, inflation) s'amenuisent en 1991 et ne suffisent plus, pour le temps présent, à faire la différence. Les politiques d'ajustement, brutales ou douces, n'ont pas encore débouché sur des équilibres durables. La lenteur de la mise en place de nouvelles structures économiques amplifie les lassitudes.

Enfin, l'impact des chocs externes — réunification allemande, guerre du Golfe, croissance occidentale lente, éclatement du CAEM —, subi par des pays en pleine mutation, participe aussi à un état de morosité général, qui fait place aux illusions.

---

* Chargée de mission au CEPII.

1. Récession

Les résultats économiques de 1991 témoignent de la gravité de la crise dans tous les pays.

La Fédération des Tchèques et des Slovaques, malgré de faibles contraintes (dette, potentiel d'inflation), entre dans une phase active de modification des règles de l'activité économique. Son PIB a fortement régressé en un an. La Bulgarie et la Roumanie se sont installées dans la crise parce qu'elles ont tardé à mettre en place leur nouvelle politique économique. Leur récession a été deux fois plus importante en 1991 que l'année précédente. La Hongrie et la Pologne connaissent une récession moindre. La Hongrie, qui menait depuis 1968 un réaménagement progressif de ses structures économiques, échoue depuis quelques années à relancer sa croissance (faiblement négative). Elle connaît aujourd'hui une dégradation rapide de sa situation (– 4 % en 1990 et – 10 % en 1991). La Pologne a opté la première (au 1er jan-

TABLEAU II. — INDICATEURS ÉCONOMIQUES (variations en %)

		Bulgarie	*Hongrie*	*Pologne*	*Roumanie*	*RFTS**
PIB	*1991-90*	– 26,4	– 10,2	– 8,0	– 13,5	– 14,4
	1991-89	– 40,3	– 13,6	– 18,7	– 20,0	– 25,9
Production industrielle	*1991-90*	– 30,0	– 21,0	– 11,9	– 22,0	– 23,1
	1991-89	– 39,8	– 28,9	– 32,7	– 37,6	– 28,3
Solde budgétaire consolidé[1]	*1990*	– 13,7	– 0,1	+ 3,8	+ 0,6	– 2
	1991	– 14,0	– 4,1	– 4,0	nd	– 2
Inflation	*1990*	+ 64	+ 29	+ 553	+ 5,1	+ 10
	1991	+ 470	+ 35	+ 70	+ 160	+ 58
Chômage[2]	*1990*	1	2	6	2	1
	1991	12	8	11	6	7

1. Dépenses de l'État, y compris intérêts échus et non payés. D'après le *Rapport* annuel 1991 de la BERD en % du PIB.
2. En % de la population active.
* République fédérative tchèque et slovaque.

Source : données rassemblées et/ou calculées par l'auteur à partir de sources nationales, FMI, ONU, BERD.

vier 1990) pour des mesures très brutales de résorption des déséquilibres internes. Cumulées sur deux ans, ses performances ne sont pas meilleures. Mais, en 1991, elle a moins régressé que les autres pays et, de surcroît, elle est la seule où la décroissance s'est ralentie : – 8 % contre – 12 % en 1990.

La production industrielle de ces pays subit, en 1991, une détérioration généralement supérieure à celle du PIB. Cependant, il faut noter que les écarts entre les pays sont moins prononcés, de – 11,9 % pour le plus faible (Pologne) à – 30 % pour le plus fort (Bulgarie). La différence se réduit encore si l'on considère les données cumulées sur deux ans. De même, le rapprochement en fin de période des taux de chômage s'inscrit dans la même logique de convergence.

La crise que traverse l'Europe centrale et orientale est due tant aux effets d'offre qu'aux effets de demande. Une partie de l'outil de production est mise au rebut, tandis que la baisse des revenus réels finit par comprimer la demande. Les politiques d'ajustement ont, au moins dans leur phase initiale, amplifié ce double phénomène.

2. Ajustement douloureux

C'est aux politiques d'ajustement qu'est applicable la terminologie de « thérapie de choc » ou de « gradualisme ». Les responsables économiques ont en effet dû choisir, selon les déséquilibres existants, entre dévaluer leur monnaie très fortement (Pologne) ou la dévaluer graduellement (Hongrie). Ils ont dû aussi libérer les prix d'un nombre plus ou moins important de produits selon un rythme plus ou moins rapide.

Ces politiques d'ajustement ont été élaborées selon les prescriptions du FMI, puisque le suivi de ces dernières conditionne l'obtention de disponibilités financières directes (crédits *stand-by*, soit l'ouverture d'une ligne de crédit utilisable sous condition de respect des engagements pris, et fonds de stabilisation du taux de change) ou indirectes (rééchelonnement de dettes et/ou octroi de nouveaux crédits).

Le problème le plus difficile à maîtriser est celui du solde budgétaire. Des excédents sont apparus dans un premier temps du fait de la forte progression des recettes (accroissement des marges des entreprises dû à la hausse des prix) et

TABLEAU III. — ACCORDS FMI

	Stand-by		Date de l'accord	Période couverte par l'accord	Fonds de stabilisation (milliards de dollars)
	Milliards de dollars/an	*Dollars/ habitant*			
Bulgarie	0,3	33	Mars 1991	1 an	0
Hongrie	0,6	55	Février 1991	3 ans	0
Pologne	0,7	18	Février 1991	3 ans	1
Roumanie	0,45	19	Avril 1991	1 an	0
RFTS	1,5	94	Janvier 1991	14 mois	0[1]

1. La Tchécoslovaquie bénéficie d'engagements financiers publics particuliers, mais non assimilables à un fonds de stabilisation de la monnaie.

Source : voir tableau II.

de la forte réduction des dépenses liée à une baisse des subventions et à une politique rigoureuse des revenus. C'est ce que l'on a observé en Pologne en 1990. Les autres dépenses sont, cependant, plus difficiles à gérer. Les dépenses sociales, notamment, fluctuent au gré des risques sociaux et des rapports des forces politiques. Les subventions aux entreprises et/ou à certains secteurs (exportation, agriculture) ne peuvent, pour leur part, être durablement réduites que si le danger d'effondrement de la production peut être conjuré par d'autres moyens (politique active de crédit, compétitivité croissante d'autres agents, etc.). La régularité des recettes dépend, pour ce qui la concerne, de la mise en place d'une fiscalité appropriée et d'une anticipation correcte du niveau d'activité. Ni l'une ni l'autre de ces conditions ne sont remplies en 1991 : de ce fait, les soldes budgétaires sont partout négatifs.

La résorption de ce déséquilibre dépend, d'une part, de la bonne santé économique des entreprises, qui conditionne le niveau des recettes fiscales, et, d'autre part, du niveau des dépenses (moindres subventions). On peut pourtant s'attendre à un maintien des subventions. D'abord parce qu'on ne peut pas laisser se poursuivre la chute des productions. Ensuite, parce que les nouvelles structures compétitives, quand elles apparaissent, ne sont pas encore à même de prendre le relais : le secteur privé croît très vite, mais pas dans le secteur productif. L'investissement étranger, quand il existe, n'est pas encore opérationnel. La restructuration des entreprises publiques, tant du point de vue du statut (part de l'État) que du profil de production, est très lente. Or, la compression de la demande a des limites sociales, économiques et politiques.

La rigueur des institutions financières internationales, du FMI en particulier, s'explique par le fait que, effectivement, le laxisme budgétaire pourrait retarder encore l'instauration de mécanismes de marché. Les dépassements du déficit sont sanctionnés par une suspension des crédits *stand-by*. Pourtant, les dirigeants des pays de l'Est ont du mal à maintenir une limitation stricte du déficit budgétaire. La Hongrie avait, pour le seul premier trimestre 1992, un déficit représentant 70 % de celui autorisé sur l'ensemble de l'année.

Les accords avec le FMI sont, pour ces pays, une façon d'intégrer l'économie mondiale et de trouver les moyens de financer une nouvelle croissance. Cependant, un nombre de plus en plus grand d'économistes s'inquiète de l'approche jugée parfois trop théorique des choix de politique économique. Selon eux, elle sous-estime les effets de la récession et du chômage sur la capacité des pays à poursuivre les réformes. La lenteur des transformations structurelles leur semble inévitable lorsqu'ils considèrent l'ampleur des chocs déjà subis et les efforts déjà consentis en deux ans.

3. Réforme lente

Les programmes de réforme comportent tous, à des degrés divers, des constantes : déréglementation des prix, convertibilité monétaire, réforme fiscale (impôt sur le revenu, TVA), privatisations, réforme bancaire (autonomie des banques centrales, commercialisation du crédit).

Ces programmes ne présentent pas les mêmes difficultés techniques de réalisation. Ils n'ont pas de dynamique homogène et ne se heurtent pas aux mêmes degrés de résistance. La libération des prix et la convertibilité, quelle qu'en soit

TABLEAU IV. — POINT SUR LA TRANSITION AU 1er MAI 1992

	Bulgarie	*Hongrie*	*Pologne*	*Roumanie*	*RFTS*
Temps écoulé depuis le début du programme					
	15 mois	*Plusieurs années*	*28 mois*	*17 mois*	*16 mois*
Degré de réalisation des principales dispositions					
Libération des prix	70 %	90 %	90 %	80 %	80 %
Salaires réels	− 60 %	− 13,3 %[1]	− 35 %	− 21,5 %	− 29,4 %
Convertibilité	nationaux[2]	entreprises	nationaux	non	nationaux
Dévaluation 1991	500 %	24 %	10 %	440 %	18 %

1. Cumul 1990-1991.
2. Nationaux = ménages + entreprises.

Source : voir tableau précédent.

l'ampleur, sont des mesures relativement évidentes et, de ce fait, légitimes. Elles peuvent, en outre, être assez rapidement efficaces, une fois retenu le niveau du change. En revanche, la réforme fiscale et bancaire suppose, au préalable, la définition d'une politique et la mise en place d'une structure administrative particulière, selon des modalités techniques complexes qui nécessitent un personnel disposant des qualifications requises. Or, non seulement ces outils sont introuvables dans l'ancien régime, mais encore leur installation doit prendre appui sur une infrastructure technique et humaine insuffisante. La privatisation bute, par exemple, sur des considérations d'ordre historique, sociologique, financier et idéologique dont le poids modifie, à des degrés variables selon les pays, la vitesse du changement.

Pourtant, le développement d'un petit secteur privé, spontanément ou par privatisation dans les services et le commerce, s'accélère. Mais, malgré des législations relatives à la privatisation des grandes entreprises, celle-ci s'effectue lentement. Les instruments de guidage de l'évolution des structures (taux d'intérêt positifs) ont été mis en place, mais ils fonctionnent avec un bonheur relatif et créent des dérapages croissants. Les systèmes bancaires et financiers restent désuets, l'investissement étranger aléatoire, la politique industrielle balbutiante. Dans ce dernier cas, les préventions idéologiques contre l'inverventionnisme industriel, consécutives au changement de régime, s'ajoutent à l'inertie du secteur — absence de relève ou de projet industriel. Or, une stratégie industrielle se prépare de longue date et est toujours coûteuse.

La privatisation, envisagée comme instrument essentiel du passage à l'économie de marché, ne prend pas encore en compte cette dimension de coût et de temps. En outre, quel que soit le schéma adopté (reprise directe, distribution de capital sous forme de coupons d'investissement, avec ou sans intermédiaire financier, ou vente à l'étranger), elle a un obstacle de taille à surmonter : celui de la mauvaise santé des entreprises. Cet obstacle pourrait être levé par l'application des lois sur la faillite, mais celle-ci bute sur les risques sociaux et le niveau élevé de l'endettement des entreprises. La faillite d'entreprises non rentables peut dès lors, en l'absence d'un système bancaire efficace, compromettre la survie des « bonnes » entreprises.

Outre ces difficultés internes, les pays d'Europe centrale et orientale ont aussi à gérer la mutation de leurs relations extérieures.

4. Échanges mutants

La démarginalisation des économies est-européennes s'est heurtée, en 1991, à deux obstacles majeurs qui illustrent la complexité des réformes : la disparition du CAEM et la lenteur de l'impact des mesures constructives mises en place dans les relations avec l'Ouest.

Après que, le 1er janvier 1991, le CAEM eut cessé d'exister en tant que cadre des échanges entre pays de l'Est, la pénurie de devises — nouvelle unité de règlement des échanges entre partenaires ex-socialistes — a pesé fortement sur la demande soviétique. Il en a résulté, pour chacun des pays, une forte contraction des relations commerciales aux effets très marqués sur les systèmes productifs. Une des explications, par exemple, de la chute de la production hongroise en 1991 est précisément le rétrécissement brutal du marché ex-socialiste : ce pays, qui avait la réputation d'être le plus ouvert à l'Ouest, est apparu en fait très dépendant du marché est-européen. La contraction des approvisionnements et des débouchés a joué encore plus nettement sur d'autres pays.

L'éclatement du bloc socialiste s'est accompagné de démarches autonomes en vue de se rapprocher de l'Ouest. Il s'est ensuivi des débats houleux qui ont, au cours de 1991 notamment, opposé Hongrois, Polonais et Tchécoslovaques sur l'opportunité d'unir leurs forces pour ne pas aggraver une situation déjà critique. Ces débats ont conduit ces trois pays, début 1992, à annoncer la création rapide (pour l'été 1992) d'une zone de libre-échange. Sans qu'il soit possible de mesurer l'impact d'une telle décision sur l'essor et la compétitivité de leur économie, au moins peut-on noter qu'ils renoncent entre eux à des politiques protectionnistes. Peut-être est-ce aussi le moyen qu'ils ont choisi pour renforcer leurs positions face à une Europe occidentale convoitée, mais également crainte par ses capacités de concurrence sur les marchés intérieurs et extérieurs (l'ex-URSS, par exemple).

Fin 1991, ces trois mêmes pays, Hongrie, Pologne et Tchécoslovaquie ont signé avec la CEE des accords d'association, dont ils espèrent des résultats positifs rapides. Or, un certain nombre d'obstacles rendent l'accès au marché ouest-européen relativement lent. D'abord, les entreprises est-européennes doivent intégrer dans leur comportement une série de règles administratives auxquelles elles n'étaient pas préparées. Les pays concernés font, par ailleurs, un apprentissage laborieux de la lettre des accords et de leurs modalités. Enfin, la règle de non-réciprocité, qui leur permet de se protéger, est limitée dans le temps : les délais de la restructuration industrielle et de la diversification des productions risquent d'être plus longs.

La politique d'aide lancée en 1989 avec le programme PHARE (Pologne, Hongrie : assistance à la restructuration économique) a pris de l'ampleur à l'occasion de son extension aux autres pays de l'Est et de la création effective de la Banque européenne de reconstruction et de développement (BERD) le 15 avril 1991. Cependant, l'efficacité des initiatives engagées reste encore relative : les modalités en sont parfois complexes, les bénéficiaires plus ou moins bien identifiés et les montants limités. Plus qu'à une injection de capital susceptible de dynamiser la croissance, l'assistance occidentale consiste surtout à soutenir des démarches de réforme et à alléger la pression dans un certain nombre de domaines. Sa poursuite et son amplification à destination de la restructuration des économies d'Europe centrale et orientale sont nécessaires.

La dégradation de la situation économique était, certes, prévisible à court terme du fait de l'adaptation du tissu économique à de nouvelles conditions d'activité. Mais la récession a surpris par son ampleur et sa durée. Les causes en sont diverses : méconnaissance de la réalité de départ (productivité des facteurs, inflation rentrée, épargne réelle) ; erreurs d'appréciation des niveaux d'ajustement (taux de change, taux d'intérêt, rigueur salariale) ; mauvaises anticipations sur les réactions des agents, rétrécissement des débouchés traditionnels (marché intérieur, CAEM). Tous ces éléments ont participé à une certaine désillusion. On peut se demander néanmoins si, au lendemain de la chute des pouvoirs communistes, l'optimisme n'a pas été exagéré. C'est en tout cas ce que l'on peut penser au vu de la situation en cet « an deux » de la transition.

BIBLIOGRAPHIE

MINK G., SZUREK J.-C. (dir.), *Cet étrange post-communisme*, La Découverte/CNRS, Paris, 1992.

Economic Bulletin for Europe (n° 43, 1991) et « Economic Survey of Economic Commission for Europe », *Europe in 1990-1991*, United Nations, Genève, 1991.

CROSNIER M.-A., HOLCBLAT N., « Tableau de bord économique 1991 des sept pays d'Europe centrale et orientale », *Le Courrier des pays de l'Est*, n° 364, novembre 1991.

IV / Un système financier au-dessus de tout soupçon ?

*Dominique de Laubier**

Au cours des années quatre-vingt, le système financier international a connu un prodigieux développement. États, collectivités locales et grandes entreprises publiques et privées ont rivalisé sur les marchés de capitaux pour emprunter les montants, de plus en plus importants, nécessaires au financement de leurs déficits ou de leurs investissements. Hausse générale des valeurs mobilières sur toutes les places à partir de 1982, abandon, ou assouplissement, de nombreuses règles concernant l'activité dans la banque, l'assurance ou la Bourse un peu partout dans le monde, multiplication des offres publiques d'achat (OPA), surtout aux États-Unis, qui nécessitent des montages financiers complexes, ont encouragé les grandes banques, compagnies d'assurances ou maisons de titres à s'établir à l'étranger, et d'abord sur les principales places financières : New York, Tokyo, Londres, mais aussi Paris, Francfort ou Luxembourg.

Hausse des actions comme OPA, celles-ci entretenant celle-là, ont permis l'édification rapide de fortunes parfois colossales. Mais, du délit d'initié à la manipulation de cours, en passant par le blanchiment de l'argent sale ou le financement du trafic d'armes, les tentations de transgresser la loi pour s'enrichir plus vite ont été multipliées. Le contrôle des flux financiers par les autorités est devenu plus difficile. Entre les autorités du pays d'origine et celles du pays d'accueil, les-

* Conseiller scientifique au CEPII.

quelles peuvent et doivent agir ? Et comment enquêter face à la ramification croissante des réseaux de capitaux ?

Parmi bien d'autres, trois scandales majeurs ont secoué les milieux de la finance internationale et sont un bon exemple des dangers engendrés par la croissance du système financier : les délits d'initiés de Michael Milken, l'effondrement de l'empire Maxwell et, enfin, les activités de la BCCI.

1. Michael Milken, le virtuose des OPA

Michael Milken, qui travaillait pour la maison de titres Drexel Burnham, est l'inventeur du financement des OPA par recours massif aux emprunts. Jusqu'au début des années quatre-vingt, les raiders lançaient des OPA essentiellement pour agrandir leur empire industriel. Ils disposaient en général des fonds nécessaires et n'empruntaient que pour faire la soudure avec une émission d'actions ou d'obligations lancée après la réussite de l'OPA pour en régler le prix. L'idée de génie de Milken a été de proposer aux raiders des financements à l'aide d'obligations rapportant un intérêt élevé, les *junk bonds*, ou « obligations de pacotille », qui devaient leur nom au fait que, jusque-là, elles étaient émises par des sociétés en difficulté, présentant un haut risque d'insolvabilité. Elles étaient donc assorties d'un intérêt supérieur à la moyenne pour compenser ce risque aux yeux des prêteurs.

Dans la conjoncture de croissance économique et d'euphorie boursière qui a régné de 1982 à 1989, les raiders étaient à peu près assurés de tirer un profit substantiel après l'OPA, en revendant par morceaux la société conquise aux industriels intéressés par ses différents secteurs d'activité. Ils pouvaient ainsi rembourser rapidement les obligations émises et la charge d'intérêt leur importait peu car elle devait, normalement, être de courte durée. Mais le mini-krach boursier d'octobre 1989 (par opposition au krach d'octobre 1987, beaucoup plus violent, mais vite effacé) et le retournement de la conjoncture aux États-Unis ont entraîné les défaillances de plusieurs raiders. Ainsi, le Canadien Campeau, qui avait acquis, pour 10 milliards de dollars, quelques années auparavant, deux grandes chaînes de magasins. La chute du

Offre publique d'achat

Une offre publique d'achat (OPA) permet à un industriel ou à un financier, le *raider*, d'acquérir la majorité du capital d'une entreprise dont les actions sont cotées en Bourse, en général contre la volonté de ses dirigeants. Supposons qu'un examen attentif des comptes de Dupont et Cie, dont les actions s'échangent en Bourse depuis longtemps autour de 200 francs, conduise un raider à estimer leur valeur réelle à 500 francs. Il peut tenter d'en ramasser d'abord le maximum autour de 200 francs, mais ces achats entraîneront inévitablement, à la longue, une hausse des cours. De toute manière, il devra, selon la réglementation en vigueur en France, déclarer publiquement un « franchissement de seuil » dès lors qu'il aura obtenu 5 % du capital puis, successivement 10 %, 15 %, etc.

En déclenchant une OPA ensuite à, par exemple, 300 francs, il peut susciter l'intérêt des actionnaires, en leur offrant une plus-value substantielle, tout en se réservant une marge confortable par rapport à la valeur nette estimée. Des groupes rivaux peuvent conduire, bien entendu, à une surenchère.

Ayant obtenu la majorité des voix, et donc le contrôle de l'entreprise, le raider, s'il n'obéit pas à des motifs de pure logique industrielle, peut espérer réaliser un profit en revendant « par appartements » les différentes activités de l'entreprise aux concurrents intéressés.

Si l'OPA échoue, le raider peut néanmoins dégager une plus-value en rétrocédant le paquet d'actions acquis aux dirigeants de l'entreprise concernée, heureux de se débarrasser d'un actionnaire susceptible de les gêner.

Les OPA offrent des occasions de comportements délictueux. Le raider pourrait être tenté de demander à des amis d'acquérir de concert avec lui — ce qui est illégal — des paquets d'actions tout en restant chacun en deçà du seuil de 5 %, évitant ainsi d'attirer l'attention des spéculateurs. Surtout, de nombreuses OPA ont permis à des initiés, ayant connaissance du projet par leurs fonctions (employés des entreprises concernées, banquiers, conseillers financiers ou juridiques du raider, etc.), d'acheter pour leur compte des actions de l'entreprise visée avant que l'annonce de l'OPA vienne en provoquer la hausse.

La justice américaine a sévèrement sanctionné de tels délits à plusieurs reprises ces dernières années (prison ferme, amendes considérables). On considère, aux États-Unis, que le crime de l'initié vient non pas du fait qu'il a profité pour lui-même de la confidence faite par son client, mais que l'information dont il a disposé vient fausser les règles du « marché » où tous les opérateurs doivent être égaux sinon en capitaux, du moins en informations. Sinon c'est l'un des fondements du capitalisme libéral qui est remis en cause. En France, où l'on est loin d'éprouver la même vénération pour le marché, il y a eu jusqu'ici très peu d'exemples de poursuites et les sanctions ont été très faibles. La justice a bien été saisie après le raid avorté en 1988 sur la Société Générale et l'OPA, en 1989, de Pechiney sur American Can, mais l'instruction est loin d'être close. Il est vrai qu'elle met en cause des personnalités très proches du pouvoir.

chiffre d'affaires des magasins (comprenant le célèbre Bloomingdale à New York, l'équivalent des Galeries Lafayette à Paris) a empêché la revente espérée d'une fraction de leur réseau, les profits se sont mués en pertes, aggravées par le poids de l'endettement à taux élevé, et la faillite a suivi. Le cours de tous les *junk bonds* a fléchi fortement et nombre d'institutions, tels les fonds de retraite et les caisses d'épargne, qui les avaient accumulés dans leur portefeuille, ont perdu globalement des dizaines de milliards de dollars.

Michael Milken a été accusé non pas d'avoir été l'instigateur d'une méthode de financement qui comportait des risques — c'était après tout à ses clients de les mesurer —, mais d'avoir trompé leur confiance. Ses fonctions de conseiller financier lui permettaient de connaître les lancements d'OPA, les pourparlers de fusion-acquisition entre sociétés, et d'opérer en Bourse pour son propre compte sur des titres appelés à monter ensuite. Après avoir accumulé une fortune estimée à environ 1,6 milliard de dollars, il a accepté de payer 1,1 milliard d'amendes et d'indemnités et a été condamné à dix ans de prison en 1990.

Étrangetés de la justice américaine : M. Milken est incarcéré dans la prison de Pleasanton *(sic)*, où il occupe une partie de son temps à donner des cours de... technique financière et une autre à gérer le fonds qui indemnisera les victimes de ses propres agissements. Sa réputation d'habileté est telle que nul n'était mieux qualifié que lui, a estimé la justice.

2. Les acrobaties financières de Robert Maxwell

Quelques jours seulement après sa chute en mer, en novembre 1991, le monde s'est aperçu avec effarement que le chef du puissant empire de presse qu'était Robert Maxwell se livrait depuis plus d'un an à des jongleries financières relevant de l'escroquerie pure et simple. Pour soutenir en Bourse le cours des actions de la Maxwell Communication Corp., servant de garantie auprès des banques pour les prêts considérables qu'elles lui avaient accordés, Robert Maxwell n'avait pas hésité à vider les caisses du fonds de pension des employés de ses propres sociétés. En outre, il s'était livré à des virements de centaines de millions de livres (des milliards de francs) des sociétés cotées qu'il dirigeait, mais aux actionnaires desquelles il avait des comptes à rendre, à d'obscurs fonds établis au Liechtenstein, qu'il gérait sans aucun contrôle. Six mois après la disparition de Maxwell, les retraités des sociétés de son empire ne savent toujours pas s'ils pourront un jour toucher une partie des retraites constituées avec leurs cotisations.

Cette mort n'a fait qu'accélérer la révélation du scandale. C'est même, pense-t-on, son caractère inéluctable qui l'a provoquée. Certaines banques commençaient à prendre conscience du danger. Très peu de temps avant sa mort, la puissante maison de titres Goldman Sachs s'était mise à vendre les actions Maxwell qu'elle détenait en garantie.

Mais comme les milieux financiers et les autorités de tutelle ont été faciles à abuser ! Le succès et le gonflement de l'empire Maxwell avaient fait taire les préventions du début. Ou plutôt du *deuxième* début : en 1974, le ministère britannique du Commerce et de l'Industrie n'avait-il pas conclu, après un premier scandale : « M. Maxwell n'est pas une personne à qui on peut faire confiance pour diriger une société cotée en Bourse. » Comme l'observe judicieusement *L'Expansion* (9 janvier 1992) qui rappelle ces faits : « Le menteur n'est démasqué que lorsqu'il perd. » Tant que tout allait bien, ceux qui avaient des soupçons ou des reproches se taisaient, et l'ascension de Robert Maxwell s'est réalisée sur une montagne de compromissions, de flagorneries et de peurs.

3. La BCCI, trafics en tous genres

Le 5 juillet 1991, une action simultanée des autorités monétaires des pays concernés conduisait à la fermeture des guichets de la Banque pour le crédit et le commerce international, la BCCI, aux États-Unis, en Grande-Bretagne, au Luxembourg et en France, notamment. Les milieux financiers ne se doutaient certes pas, alors, que l'ampleur de ses activités illégales serait telle que le *Financial Times* n'hésiterait pas à qualifier ces activités, quatre mois plus tard, de « la plus grande fraude bancaire de l'histoire ».

La banque avait été fondée en 1972 par un Pakistanais qui mit rapidement à profit la hausse des revenus des États du Moyen-Orient après le choc pétrolier de 1973 pour s'étendre dans le Golfe. Plus tard, l'émir d'Abu Dhabi devait acquérir la majorité du capital, mais laisser la direction des opérations à son fondateur et ses amis. La BCCI allait ensuite prendre le contrôle de banques américaines, prendre pied dans les Antilles néerlandaises et au Luxembourg, où la surveillance des autorités était fort lâche, et étendre ses opérations en Grande-Bretagne, où une forte communauté d'immigrés originaires du Pakistan et des pays du Moyen-Orient pouvait trouver en elle une banque islamique, proche de leurs habitudes et les accueillant avec moins de dédain que les établissements occidentaux.

Se présentant comme une banque du tiers monde, elle devait capter la confiance de nombreux dirigeants, du Sud-Est asiatique à l'Amérique latine en passant par l'Afrique. Très vite, elle s'est lancée dans le financement du trafic d'armes, le blanchiment de l'argent de la drogue et tous les circuits illicites, mais fructueux, que lui permettaient un réseau très étendu et l'emploi généralisé de la corruption dès que s'élevait un obstacle face à ses ambitions. Dès 1985, la CIA avertissait le département de la Justice que la BCCI avait illégalement pris le contrôle d'une banque américaine, mais ses rapports furent ignorés. En 1988, la BCCI était poursuivie en Floride pour blanchiment de fonds provenant de la drogue, sans plus émouvoir le Federal Reserve System. En 1989, cependant, la firme d'audit Price Waterhouse, qui certifiait les comptes que la BCCI devait présenter à la Banque d'Angleterre, commence à exprimer des réserves à l'égard de certains prêts dont elle ne trouve pas la justification. Mais ce n'est qu'en janvier 1991, après les révélations faites par un cadre de la BCCI auprès de la Banque d'Angleterre, que celle-ci semble s'inquiéter sérieusement. Un rapport spécial est commandé à Price Waterhouse en mars et, après remise de celui-ci fin juin, l'action est déclenchée, non sans que de nombreux trafiquants de drogue, aux États-Unis, dûment avertis comme en 1988 de l'imminence d'une action judiciaire, aient pu retirer leurs fonds.

Le fait que l'émir d'Abu Dhabi, allié traditionnel de la

Couronne britannique, ait détenu les trois quarts du capital de la BCCI a sans doute retenu le bras de la Banque d'Angleterre, à un moment où le conflit avec l'Irak pouvait faire redouter un exode des capitaux pétroliers hors de Londres.

Mais la vérité est qu'il existe des maillons faibles dans la ligne de défense des autorités monétaires des grands pays face aux activités internationales illégales des financiers. Le Luxembourg a bien commencé à comprendre qu'il devait être plus attentif aux opérations menées par les centaines de banques établies au grand-duché et qui en font la principale richesse. Mais de nombreuses places off-shore ou assimilées, des Antilles néerlandaises au Liechtenstein, demeurent autant de paradis pour les trafiquants.

Plus encore que les deux premières, l'affaire de la BCCI souligne l'urgence de la mise en œuvre, à l'échelle internationale, d'un système de supervision capable de faire face à la globalisation croissante des réseaux financiers et aux problèmes nés de la liberté quasi généralisée des mouvements de capitaux ou de l'interconnexion des réseaux informatiques, comme de la progression redoutable des trafics illicites et de l'ingéniosité des criminels. Le fameux secret bancaire, si longtemps invoqué en Suisse — où, il faut le reconnaître, il est fortement battu en brèche depuis peu —, au Liechtenstein, au Luxembourg ou dans les Caraïbes, a trop longtemps servi à couvrir non seulement des délits comme les évasions fiscales, mais aussi des activités proprement criminelles.

Il est temps, comme l'ont souligné presque simultanément, en 1991, un rapport du « Groupe des trente » — un *think tank* basé à Washington — et une étude de l'OCDE, que les principaux pays industriels ne laissent plus opérer sur leur territoire que des banques issues de nations adhérant aux principes de sécurité bancaires élaborés peu à peu à Bâle sous l'égide de la Banque des règlements internationaux.

La croissance économique, que les pays occidentaux ont connue dans leur ensemble après 1982, a entretenu avec la sphère financière des relations complexes. Les deux s'épaulaient mutuellement. La première a engendré une forte augmentation des profits des entreprises, qui a soutenu la progression des cours en Bourse, déclenchée par la réduction des taux d'intérêt en 1982. L'euphorie boursière a provoqué une profusion d'innovations financières, génératrices de commissions juteuses pour les intermédiaires financiers, d'une ingéniosité qui n'avait d'égale que leur complexité..., et leur capacité à masquer les risques qu'elles entraînaient. Mais, en sens inverse, la sphère financière a irrigué la croissance de l'économie en accordant — peut-être trop — facilement ses concours aux opérations non seulement d'investissement, mais aussi de restructuration, dont certaines étaient guidées davantage par la spéculation que par le souci de rationaliser.

Nulle part ailleurs mieux qu'au Japon, peut-être, cette symbiose n'a été mise en évidence. Jusqu'à la fin de 1989, la croissance remarquable de ce pays s'est appuyée sur un crédit abondant et bon marché. Mais la bonne santé a dégénéré en fièvre spéculative. Le volume des transactions boursières a été multiplié par 16 entre 1982 et 1988 (à New York, il a simplement triplé). Tout montait, de l'immobilier à la Bourse, les gains obtenus sur l'un se reportant sur l'autre jusqu'au moment où une politique monétaire nettement plus restrictive a fait éclater la bulle spéculative qui ne cessait de s'enfler. Dans le monde entier, on avait vu avec surprise, et soulagement, le marché de Tokyo subir sans ciller les deux krachs de 1987 et 1989. Mais la débâcle des cours à partir du début de 1990 a mis au jour des pratiques peu recommandables, allant du délit d'initié au trafic d'influence en passant par la compensation, par les maisons de titres, des pertes subies en Bourse par leurs plus gros clients. La bonne tenue de Tokyo était due moins à la fermeté des opérateurs qu'à la violation des règles qui gouvernent les marchés de titres.

Sous l'impulsion des autorités monétaires, le marché a entrepris de corriger ces excès. A l'échelle internationale, il faudra toujours davantage de concertation et de courage aux pouvoirs publics pour redresser les défauts et les déviances du capitalisme libéral. En fin de compte, la déréglementation financière apparaît bien mal nommée. Plus grande est la liberté économique, plus sévères doivent être les contrôles et plus astreignantes — pour tous — les règles de bonne gestion. Le secret des affaires comme les paradis fiscaux devront se soumettre à ces exigences accrues.

Deuxième partie

Les dossiers stratégiques

V / Les écueils de l'Uruguay Round

*Fereydoun A. Khavand**

Inauguré, en septembre 1986, par la déclaration de Punta Del Este, l'*Uruguay Round*, se présentait d'emblée comme la négociation la plus vaste et la plus complexe jamais organisée au sein du GATT. Sa réussite devait permettre à cette institution de retrouver une seconde jeunesse. Mais cette opération s'est transformée en une gigantesque partie de bras de fer à l'échelle planétaire, et, depuis son échec spectaculaire à la réunion de Heysel, en décembre 1990, elle ne cesse d'osciller entre l'agonie et le sursaut.

1. La nouvelle diplomatie commerciale américaine

L'Accord général sur les tarifs douaniers et le commerce (GATT en anglais) est né en 1948. Cet édifice juridiquement fragile, qualifié d'« accident historique », n'a pu devenir une véritable institution internationale que grâce à la volonté de l'administration américaine de promouvoir un ordre commercial néo-libéral. En effet, la « conception darwinienne de libre-échange » ne pouvait qu'inciter l'irrésistible puissance économique de l'Amérique à imposer le démantèlement des obstacles s'opposant à la circulation des biens. Ce choix stratégique était également fondé sur des critères de sécurité, notamment ceux liés à la reconstruction de l'Europe occiden-

* Maître de conférence à l'université de Paris-V.

tale et au renforcement des liens transatlantiques. L'Amérique « généreuse » de cette époque pratiquait un libre-échangisme unilatéral ; elle ne soumettait pas l'accès à ses marchés au respect strict du principe de la réciprocité.

En 1986, en revanche, lorsque l'Uruguay Round se voit confier la mission de réorganiser le système multilatéral des échanges, le monde n'est plus soumis à une « entité commerciale dominante ». L'Amérique, économiquement en déclin et en déficit, n'est plus le garant absolu du libre-échangisme. Elle ne renonce pas pour autant à perpétuer son hégémonie sur l'ordre commercial mondial. Élaborée tout au long des années quatre-vingt, sa nouvelle diplomatie commerciale se manifeste sous un triple aspect : le multilatéralisme, l'unilatéralisme et le régionalisme.

Le lancement d'un nouveau cycle de négociations au sein du GATT constituait, dès le début des années quatre-vingt, un des principaux axes de la diplomatie commerciale américaine dans le sens du multilatéralisme. Cette initiative devait permettre à l'administration Reagan de faire face à la forte poussée protectionniste dans l'opinion publique américaine et au Congrès. Pour la neutraliser, Washington voulait que le futur *Round* ait pour objectif une réorganisation en profondeur du système commercial multilatéral.

Dans le sens de l'unilatéralisme, il s'agissait essentiellement de recourir aux procédures des sections 301, super 301 et spécial 301 de la législation sur le commerce extérieur des États-Unis, dispositifs qui autorisent l'administration américaine à mettre en œuvre des mesures de rétorsion contre les pays dont les pratiques commerciales, jugées « déloyales », freineraient les exportations américaines. Cet « unilatéralisme agressif », selon J. Bhagwati, a contribué « à la création d'une éthique où le degré d'ouverture des marchés se juge non plus d'après les règles qui en régissent le fonctionnement, mais en fonction des volumes exportés sur ces marchés ».

Enfin, l'engouement soudain des États-Unis pour les intégrations régionales, dont la création est autorisée par l'article XXIV de l'Accord général, a été une surprise totale. Les États-Unis avaient toujours affirmé leur préférence pour une libéralisation multilatérale des échanges fondée sur la clause de la nation la plus favorisée. La création, en 1989, d'une zone de libre-échange avec le Canada, puis l'ouverture, en 1991, de négociations visant à constituer un « Marché commun nord-américain » (États-Unis, Canada et Mexique) ont marqué un revirement doctrinal spectaculaire.

L'Europe déroutée

La Communauté européenne occupée à construire le Marché unique a toujours semblé à la traîne. Certes, l'Europe ne pouvait pas rejeter le lancement d'un nouveau cycle de négociations *(round)*. En effet, première puissance exportatrice du monde, elle a intérêt au raffermissement des disciplines multilatérales. Mais la diplomatie communautaire devait-elle être fatalement entraînée vers des terrains aussi brûlants ? A-t-elle véritablement épuisé tous ses atouts pour peser sur les futures négociations, en les orientant, par exemple, contre la « turbulence » japonaise, ou en y incluant, entre autres, l'idée d'établir un lien entre le système commercial international et le système monétaire international ? Et une fois le *round* lancé, fallait-il mener, pendant si longtemps, un combat d'arrière-garde pour refuser toute réforme fondamentale de la politique agricole commune (PAC), vieille de trente ans ? Quoi qu'il en soit, la croisade américaine contre la PAC a progressivement poussé la Communauté dans une position défensive. Parallèlement, les deux puissances se sont affrontées sur d'autres dossiers sensibles — acier, Airbus, produits oléagineux, marchés publics... — en se lançant dans des diatribes empruntées au vocabulaire de la guerre froide.

La diplomatie nippone assiste en spectateur satisfait à l'exacerbation des tensions entre les États-Unis et l'Europe, mais elle ne cache pas ses inquiétudes quant aux conséquences de l'enlisement des négociations commerciales multilatérales. Lors du lancement de ce *round*, le Japon est parvenu à éviter l'inclusion, dans la déclaration de Punta Del Este, d'un paragraphe condamnant le rôle perturbateur de ses exportations dans les échanges internationaux. Par la suite, il a réussi à échapper à toute alliance des États-Unis avec la CEE pouvant l'isoler dans les négociations, bien que son agriculture soit la plus protégée des pays industriels, et que ses excédents commerciaux aient repris leur ascension depuis 1991. Cependant, il craint toujours une résurgence du protectionnisme généralisé et un renforcement des intégrations économiques régionales. En effet, l'échec de l'Uruguay Round pèserait lourdement sur le climat de ses futures négociations bilatérales avec les États-Unis et il risquerait — avec les NPI — d'être le grand perdant d'un conflit commercial généralisé.

Quant aux pays en développement, leur participation à l'Uruguay Round s'est accompagnée d'un vaste mouvement de réforme économique qualifié de « révolution silencieuse ». En effet, plus de trente PED — dont les géants comme l'Inde ou le Brésil — ont déjà pris des mesures de libéralisation commerciale : réduction et consolidation des droits de douane, suppression des restrictions quantitatives, réduction du nombre des marchandises dont l'importation est prohibée, etc. Ces mesures marquent le désir de ces pays de participer plus activement au système commercial multilatéral et leur volonté de s'adapter aux disciplines et obligations en matière d'ouverture des marchés. Perdues dans le dédale du conflit agricole CEE-États-Unis, les négociations du GATT n'ont pas récompensé l'ardeur modernisatrice des PED. D'où une déception de ces pays et leur propension à se regrouper, eux aussi, au sein de groupements régionaux afin de s'adapter à la nouvelle architecture des relations économiques internationales.

2. Les défis d'une approche globalisante

Innovation par rapport aux précédents cycles, l'Uruguay Round appréhende les échanges internationaux de façon globale. En effet, il englobe la réforme des règles de l'Accord général (par exemple, les sauvegardes), la réinsertion dans le système multilatéral des secteurs peu soumis aux dispositions du GATT (textiles, agriculture). De plus, il introduit de « nouveaux thèmes » (services, investissements, propriété intellectuelle) dans le champ d'application du système multilatéral. La négociation est également globale du point de vue de sa participation, puisqu'elle regroupe 105 pays dont un grand nombre prennent pour la première fois une part active à son déroulement. Compte tenu de l'enlisement de l'Uruguay Round, une question s'impose : le GATT est-il véritablement à la hauteur d'une globalisation aussi sophistiquée ? La faiblesse structurelle de l'institution de Genève dans la gestion d'une entreprise aussi complexe et la focalisation des débats sur la question agricole ont fini par détourner l'Uruguay Round de ses ambitions initiales.

L'approche « globalisante » a souffert d'une autre illusion, celle de considérer l'Uruguay Round comme un immense cadre de marchandage entre le Nord et le Sud. Le marchandage était marqué du sceau d'une « réciprocité globale », aux contours flous esquissés par les Américains. En effet, dès le lancement de l'Uruguay Round, ces derniers laissaient entendre que les pays industriels accepteraient de libéraliser l'agriculture et les textiles si les PED s'engageaient, de leur côté, à libéraliser le commerce des services, à renoncer à leurs pratiques restrictives en matière d'investissements étrangers et, enfin, à assurer une protection adéquate des droits de propriété intellectuelle. La démarche semblait d'emblée incohérente, étant donné qu'elle consistait à mettre dans la balance, d'une part, les secteurs au fonctionnement dérogatoire, dont la libéralisation ne sera qu'un simple retour au régime de droit commun, et, d'autre part, de nouveaux secteurs — services, investissements et propriété intellectuelle — dont l'inclusion dans le GATT se révèle extrêmement complexe. Par ailleurs, dans certains domaines, l'Uruguay Round déclenche la constitution de coalitions diverses dont la composition hétéroclite et parfois éphémère ne correspond pas à une division figée selon l'axe Nord-Sud. De ce point de vue, la négociation « à géométrie et à alliances variables » sur la question agricole est particulièrement significative.

Le conflit agricole

En effet, l'intervention généralisée des États sur les marchés nationaux des produits agricoles a conduit à sortir ces derniers du jeu de la concurrence internationale. Il en est résulté une fragmentation du marché de ces produits et des affrontements perpétuels entre les grandes puissances agricoles, en particulier les États-Unis et la CEE.

Le conflit agricole entre Américains et Européens a commencé dès la mise en place de la politique agricole commune (PAC) en 1962. Mais la véritable croisade anti-PAC des États-Unis a été déclenchée dans les années quatre-vingt, lorsque les Européens, non contents d'être devenus autosuffisants, sont parvenus à renforcer leurs positions sur les marchés internationaux des produits agricoles. L'agriculture est devenue ainsi le fer de lance de la diplomatie commerciale américaine dans les négociations d'Uruguay.

L'histoire retiendra que la réforme historique de la politique agricole commune (PAC), décidée le 21 mai 1992 à Bruxelles, n'a pu être adoptée que sous la pression américaine et dans la perspective d'une relance des négociations commerciales multilatérales.

Les services, eux aussi, ont échappé au jeu de la « réciprocité globale » axée sur le clivage Nord-Sud. Certes, lors du lancement de l'Uruguay Round, ce secteur a opposé les pays industriels au « groupe des dix », dirigé par l'Inde et le Brésil qui redoutaient que la libéralisation des échanges de services, réclamée par les États-Unis, n'ouvre les portes de leur marché aux sociétés transnationales des pays développés. Mais, compte tenu de leurs intérêts divergents, les pays en développement ne se prononcent pas en bloc pour une même politique dans le domaine des services. En effet, les maxi-exportateurs appartenant au groupe des nouvelles économies industrielles (Corée, Hong Kong, Singapour), mais aussi des pays comme le Mexique, jouent un rôle très actif dans les échanges internationaux des services. De plus, les pays industriels, quant à eux, divergent sur les objectifs à atteindre. Et les services deviennent un nouveau champ d'affrontement dans le conflit commercial transatlantique. Les dernières phases des négociations dans ce domaine sont marquées par la volte-face des États-Unis, ces derniers ne réclamant plus la libéralisation généralisée des échanges de service. En effet, ils souhaitent désormais retirer du champ d'application de la clause de la nation la plus favorisée quatre secteurs majeurs représentant les trois quarts du commerce international des services : les transports maritimes, les services financiers, les transports aériens et les télécommunications de base. Proposition inacceptable pour la CEE qui, elle, souhaite compenser ses concessions dans le domaine agricole par celles des Américains dans le domaine des services. Un compromis entre ces deux positions permettrait à l'Uruguay Round d'aboutir à un Accord général sur le commerce des services (GATS), mais cet accord risquerait d'être un simple code de bonne conduite.

Quant aux autres dossiers relevant de la « réciprocité globale », ils n'ont pas connu de progrès notables. Le commerce international des textiles, fortement marqué par l'émergence industrielle du Sud, reste soumis à un système d'encadrement fondé sur des restrictions quantitatives. Malgré les promesses de Punta Del Este relatives à la réintégration des échanges de textile dans le droit commun, la quatrième version de l'« arrangement concernant le commerce international des textiles » — dit accords multifibres —, qui arrivait à expiration le 31 juillet 1991, a été prorogée jusqu'au 31 décembre 1993. Tout laisse à penser que la réintégration des échanges de textile et d'habillement au sein du GATT sera un processus de longue haleine. Le « document Dunkel » (décembre 1991) prévoyait une période transitoire de dix ans avant l'ouverture complète et sans contrepartie des marchés des pays industriels aux importations de textile et d'habillement en provenance des PED. La déception éprouvée par ces derniers dans ce secteur crucial ne les encourage certes pas à se montrer conciliants dans les négociations relatives aux droits de propriété intellectuelle, ou aux aspects qui touchent au commerce (TRIP) et aux mesures concernant les investissements et liées au commerce (TRIM : *Trade Related Investment Measure*).

3. Pour penser l'après-GATT

Depuis l'échéance manquée de décembre 1990, l'Uruguay Round a pataugé dans des querelles souvent byzantines, et aucun acquis important n'a pu figurer à son actif. La réforme, enfin décidée en mai 1992, de la politique agricole commune peut-elle débloquer les négociations ? Rien n'est moins sûr, et la crédibilité du GATT est sérieusement atteinte.

Depuis le milieu des années soixante-dix, l'institution se trouve affaiblie par l'essoufflement de la croissance et la prolifération d'un néo-protectionnisme fondé essentiellement sur le recours massif aux obstacles non tarifaires. On estime, en effet, que plus de 75 % des échanges internationaux s'éloignent des règles de l'Accord général.

Les péripéties de l'Uruguay Round ont étalé au grand jour la sénilité du système commercial international et son incapacité à s'adapter à un monde nouveau. Le GATT a-t-il encore la capacité de se faire mieux respecter ? Cette évolution exigerait la refonte de sa « constitution » ou, en d'autres termes, la métamorphose de l'Accord général de 1947. On évoque de plus en plus l'idée de créer une « Organisation commerciale mondiale » *(World Trade Organization)*. L'idée, lancée en 1990 par le professeur John H. Jackson, éminent spécialiste du GATT, a déjà attiré des disciples, y compris parmi les dirigeants des grandes nations industrielles. Des spécialistes de l'administration américaine élaboreraient le projet d'une « Organisation commerciale multilatérale » *(Multilateral Trade Organization)*, disposant de réels pouvoirs pour faire respecter les règles...

Quoi qu'il en soit, une chose est sûre : le système multilatéral des échanges doit être repensé.

Bibliographie

Bhagwati J., *Protectionnisme*, Dunod, Paris, 1990.

Bhagwati J., *The World Trading System at Risk*, Harvester Wheatsheaf, 1991.

CEPII, *Économie mondiale 1990-2000: l'impératif de croissance*, Economica, Paris, 1992.

Henry G.-M., *Dynamique du commerce international: nouveau protectionnisme ou libre-échangisme ?*, Eyrolles, Paris, 1992.

Jackson J.H., *Restructuring the GATT System*, The Royal Institute of International Affairs, Londres, 1990.

Rainelli M., *Le Commerce international*, La Découverte, coll. « Repères », Paris, 1992.

VI / L'Europe après Maastricht

Gérard Lafay et
*Deniz Unal-Kesenci**

Entreprise depuis quarante ans, la construction européenne doit s'adapter à un contexte radicalement transformé. Les anciens objectifs ayant été atteints, les pays de la Communauté sont désormais confrontés à un défi technologique, face à la percée des pays asiatiques ; à un défi politique, face à la désintégration des pays de l'Est ; à un défi migratoire, face à la misère des pays africains.

1. Le contenu du traité de Maastricht

Signé le 7 février 1992 dans sa première version, le traité de Maastricht jette les bases juridiques et institutionnelles d'une Union économique et monétaire. Celle-ci en représente l'élément essentiel et doit déboucher, avant la fin du siècle, sur une monnaie unique, mais elle est complétée par diverses dispositions qui vont dans le sens d'une union politique.

L'Union économique et monétaire

L'Union économique et monétaire s'inscrit dans le prolongement des étapes précédentes. A chacune de ces étapes — CECA (1951), Marché commun (1958), SME (1979), Marché unique (1993) —, les États nationaux ont consenti à des

* Respectivement directeur-adjoint et chargé de mission au CEPII.

transferts de compétences et accepté, dans nombre de cas, de se soumettre à une règle majoritaire.

Le texte du traité, en reprenant les grandes lignes du rapport Delors (1989) et de la conférence intergouvernementale de Rome (1990), définit les trois phases successives qui aboutissent à l'instauration d'une monnaie unique. Deux éléments nouveaux y apparaissent : la fixation d'un calendrier définitif pour le passage à l'Union monétaire et l'engagement irréversible des États membres dans cette voie.

La première phase, qui a déjà débuté en 1990 avec la suppression des contrôles des changes, et la deuxième, qui commencera en 1994, visent principalement au rapprochement macroéconomique des économies nationales. Au début de la deuxième phase, un Institut monétaire européen (IME) remplacera à la fois l'actuel Comité des gouverneurs des banques centrales et le Fonds européen de coopération monétaire. Il s'agira d'un dispositif de transition vers une Banque centrale européenne (BCE) indépendante des pouvoirs politiques. Durant cette période, la composition de l'écu sera gelée.

Fin 1996, si plus de la moitié des pays membres répondent aux critères retenus dans le traité, le Conseil européen pourra décider, à la majorité qualifiée, le passage à la troisième phase dès 1997. Sinon, il sélectionnera, au plus tard en 1998, les pays qui pourront passer à la phase ultime de l'Union en 1999, quel que soit le nombre de pays satisfaisant alors aux critères. Une clause d'exemption permettra au Royaume-Uni de consulter son Parlement avant de s'engager définitivement dans cette dernière phase.

Les cinq critères auxquels devraient répondre les pays susceptibles d'accéder à la troisième phase sont : un taux d'inflation ne dépassant pas de plus de 1,5 point la moyenne des trois pays les plus performants ; un déficit budgétaire inférieur à 3 % du PIB ; une dette publique n'excédant pas 60 % du PIB ; un taux d'intérêt à long terme ne dépassant pas de plus de 2 points le taux moyen à long terme des trois États les plus performants ; enfin, une devise nationale faisant partie du mécanisme de taux de change du Système monétaire européen, dans la marge étroite, depuis au moins deux ans.

Si l'on se réfère à la situation actuelle, une application brutale de ces critères obligerait de nombreux pays à pratiquer

TABLEAU V. — RÉSULTATS DES PAYS EN 1991 POUR LES CINQ CRITÈRES RETENUS

	Inflation (en %)	*Déficit public (en % du PIB)*	*Dette publique brute (en % du PIB)*	*Taux d'intérêt à long terme (en %)*	*SME marge étroite*
Luxembourg	2,6	− 2,0	6,9	8,2	oui
France	3,1	1,5	47,2	9,0	oui
Danemark	2,3	1,7	67,2	10,1	oui
Allemagne	4,2	3,2	46,2	8,6	oui
Royaume-Uni	4,5	1,9	43,8	9,9	non
Irlande	3,6	4,1	102,8	9,2	oui
Belgique	2,8	6,3	129,4	9,3	oui
Pays-Bas	4,9	4,4	78,4	8,9	oui
Italie	6,2	9,9	101,2	12,9	oui
Espagne	5,5	3,9	45,6	12,4	non
Portugal	9,6	5,4	64,7	17,1	non
Grèce	17,8	17,9	96,4	19,5	non
Norme	4,1	3,0	60,0	10,6	oui

Source : *L'Union européenne, le traité de Maastricht*, Commission européenne, février 1992. En gris, les cases où le pays répond aux exigences du traité pour le passage à la troisième phase.

des politiques d'une rigueur excessive. Or, il est souhaitable que, dans la deuxième phase, l'ensemble de la zone ne soit pas entraîné dans une spirale déflationniste. C'est pourquoi l'application de ces critères, notamment en ce qui concerne les déficits publics, ne s'effectuera pas de façon mécanique, mais de manière politique, en tenant compte des tendances observées dans les différents pays.

Au début de la dernière phase, une Banque centrale européenne sera créée. Celle-ci formera, avec les banques centrales des États membres, le Système européen des banques centrales dont l'objectif prioritaire sera la stabilité des prix dans le cadre d'une politique monétaire unique. Les taux de conversion bilatéraux entre les monnaies de l'Union, et ceux auxquels la future monnaie européenne leur sera substituée seront irrévocablement fixés.

Toutefois, ce dispositif reste discret sur le rôle de l'écu avant la dernière phase. Jusqu'à présent, celui-ci a fonctionné surtout comme unité de compte et son utilisation privée est demeurée modeste. L'idée d'un « écu lourd », qui aurait pu concurrencer le deutschemark comme monnaie commune dans une période transitoire, a été abandonnée, et rien n'est prévu pour développer l'utilisation de l'écu sous sa forme actuelle. Certains observateurs [Steinherr, 1992]* en concluent que, au-delà des apparences, le traité de Maastricht conforte le rôle du mark et sonne *de facto* le glas de l'écu.

L'Union politique

Contrairement à l'Union économique et monétaire, qui se présente comme le couronnement d'une intégration mise en œuvre depuis quatre décennies, l'Union politique prévue par le traité de Maastricht reste à l'état d'ébauche. Elle comporte deux séries de dispositions : les unes sont incorporées dans le titre II du traité modifiant la Communauté économique européenne, en particulier en ce qui concerne la « citoyenneté de l'Union » ; les autres amorcent de nouvelles politiques et formes de coopération, soit pour instituer une politique étrangère et de sécurité commune (titre V), soit pour assurer une coopération dans les domaines de la justice et des affaires intérieures (titre VI).

2. Les difficultés d'application

La ratification du traité de Maastricht soulève des difficultés dans certains pays. S'il est néanmoins adopté par la plupart d'entre eux, sa mise en œuvre va se heurter, dans des délais rapides, à des obstacles dont le franchissement n'a pas été prévu jusqu'à présent. Il s'agit en effet de savoir s'il est possible de poursuivre simultanément l'élargissement et

---

* Voir bibliographie en fin de chapitre.

l'approfondissement de la construction européenne : le premier a de fortes chances de s'imposer pour des raisons politiques, le second a été conçu dans le cadre d'institutions dont le caractère transitoire est évident.

Les vagues successives d'élargissement

La configuration actuelle de l'Europe communautaire est loin d'être définitive. Elle a déjà connu deux vagues successives d'élargissement, vers le Nord-Ouest en 1973 (Royaume-Uni, Irlande, Danemark), puis vers le Sud dans les années quatre-vingt (Grèce en 1981, Espagne et Portugal en 1986). Dans les prochaines années, elle devrait connaître deux autres vagues.

La première vague d'élargissement s'appliquera aux pays de l'AELE, situés depuis longtemps dans la mouvance économique de la CEE : l'accord sur l'« Espace économique européen », signé en mai 1992, prévoit déjà de leur appliquer la plupart des dispositions du Marché unique. La seconde vague concernera les pays d'Europe centrale et orientale qui viennent de se libérer du système communiste et dont la démocratie, fragile, a besoin d'être consolidée par l'arrimage à l'Europe communautaire ; celle-ci devra donc accepter leur adhésion graduelle, comme elle a dû le faire dans les années quatre-vingt pour les pays du sud du continent.

L'élargissement soulève, cependant, deux problèmes. D'une part, alors que la règle de l'unanimité restait concevable dans une Communauté à six, la multiplication du nombre des pays membres implique fatalement certains transferts de compétences et l'adoption de règles majoritaires dans différents domaines. D'autre part, les vagues passées d'élargissement ont déjà accru les disparités entre les membres de la Communauté, et les deux vagues futures ne pourront que les amplifier.

Les disparités concernent d'abord l'Union politique puisque, parmi les membres actuels ou futurs, certains États souhaitent rester neutres, et donc ne pas participer à d'éventuelles opérations militaires, tandis que d'autres disposent d'une force nucléaire et d'une tradition d'interventions. D'autres disparités, encore plus durables, pèsent sur la mise en œuvre de l'Union économique et monétaire : pour l'accession des pays membres à la troisième phase, le traité fixe des critères de convergence conjoncturels, sans tenir compte des besoins de croissance et des écarts de développement.

De fortes disparités structurelles empêcheront vraisemblablement, jusqu'au siècle prochain, la mise en place d'une monnaie commune entre la majorité des membres de la Communauté et les quatre pays les moins avancés (Espagne, et surtout Irlande, Grèce et Portugal). Or, une Union économique et monétaire, au sens plein du terme, repose sur une monnaie unique et sur la libre circulation des biens, des services, des personnes et des capitaux ; elle engendre, *ipso facto*, une forte tendance à l'égalisation des prix et des salaires. Dès lors que la mobilité de la population n'est pas parfaite, une telle union n'est viable que si les différents territoires sont de même niveau de développement, à moins d'opérer des transferts budgétaires de grande ampleur, comme c'est présentement le cas entre les deux parties de l'Allemagne.

Même au sein de la Communauté actuelle, de tels transferts ne sont pas concevables. Bien qu'il soit déjà jugé excessif par certains, l'accroissement des fonds structurels communautaires — proposé en février 1992 dans le « paquet Delors 2 » — serait très insuffisant pour enrayer le déclin économique des quatre pays les moins avancés si ceux-ci entraient dans l'union monétaire. Pour rattraper la moyenne communautaire, ces pays ont, au contraire, besoin de garder encore longtemps des monnaies nationales distinctes, avec un taux de change réel suffisamment bas pour maintenir des prix compétitifs et des salaires attractifs pour les investisseurs étrangers.

Le caractère transitoire des institutions

Jusqu'à présent, la construction européenne reposait sur une combinaison originale entre la logique confédérale, respectant la souveraineté des nations, et la logique fédérale impliquant des transferts de compétences et l'application de la règle de la majorité qualifiée. Le traité de Maastricht opère un net infléchissement dans le sens du fédéralisme, mais sans aller jusqu'au bout de cette logique.

Même si la vocation fédérale n'a pas été inscrite dans le traité, la conception d'un super-État de type fédéral est sous-jacente dans nombre de ses dispositions. Cette ambiguïté explique notamment la confusion volontaire entre les deux niveaux distincts qui sont énoncés à l'article A du traité : d'une part, l'« Union européenne », d'autre part, les « Communautés européennes complétées par les politiques et formes de coopération ». En principe, la première couvre l'ensemble du dispositif tandis que les secondes sont spécialisées, notamment la principale d'entre elles dont la mission reste économique ; en réalité, les institutions des deux niveaux sont unifiées, cependant que l'appellation de la « Communauté économique européenne » est transformée en « Communauté européenne » tout court.

La Commission de la Communauté est ainsi conçue comme l'amorce d'un gouvernement fédéral. Centralisée et polyvalente, elle a le monopole des propositions ; elle intervient au niveau de l'Union ; elle contrôle toujours ses anciens satellites (CECA et Euratom) ; elle est pleinement associée à la politique étrangère et de sécurité commune, ainsi qu'à la coopération dans les domaines de la justice et des affaires intérieures. *De facto*, ses pouvoirs tendent à se substituer à ceux du Conseil européen et du Conseil de ministres, et ce d'autant plus que la présidence du Conseil est tournante et de courte durée (six mois).

Une telle prééminence soulève de multiples difficultés car la Commission reste d'essence administrative. Le fonctionnement des institutions communautaires souffre par conséquent d'un déficit démocratique, d'autant plus sensible que la Commission est amenée à proposer des directives qui sont susceptibles de modifier profondément la vie quotidienne des citoyens. Certes, le traité de Maastricht s'efforce de combler ce déficit démocratique, en soumettant la désignation du président et des autres membres de la Commission à un vote d'approbation par le Parlement européen. On peut toutefois se demander si cette disposition ne va pas aller à l'encontre de l'objectif affiché, puisque le pouvoir de la Commission va ainsi être renforcé, vis-à-vis du Conseil.

Parallèlement, le traité met en avant le « principe de subsidiarité », censé assurer l'équilibre entre les États et la Communauté. Suivant ce principe, la plupart des décisions doivent être prises de façon décentralisée, les institutions centrales n'intervenant que de façon subsidiaire et dans un champ très limité. On devrait donc distinguer les domaines qui sont de la compétence exclusive des États et ceux où la Communauté peut intervenir en tant que de besoin. En réalité, les rôles sont inversés : la Communauté intervient à la fois dans les domaines de sa compétence exclusive et dans ceux où l'action des États est jugée insuffisante. En cas de litige, c'est la jurisprudence de la Cour de justice qui tranche, dans un sens généralement favorable à la Commission.

3. Les perspectives d'évolution

Les contradictions inhérentes au traité de Maastricht vont devoir être tranchées dans les années qui viennent. Face à la nécessité de nouvelles vagues d'élargissement, deux solutions cohérentes sont concevables : soit aller jusqu'au bout de la logique fédérale en construisant des « États-Unis d'Europe », soit repenser l'architecture d'ensemble dans le sens d'une « Europe à géométrie variable ».

Des États-Unis d'Europe

Dans cette première hypothèse, la Commission se transformerait graduellement en un exécutif fédéral. Cette évolution vers un super-État, selon le modèle américain, semble souhaitée notamment par Jacques Delors. Elle ne serait cependant admissible que si le président était élu au suffrage universel, puisque son rôle exécutif se substituerait totalement à celui du Conseil. Simultanément, la place légitime des États nationaux devrait être réaffirmée, par une interprétation moins léonine du « principe de subsidiarité », et par leur représentation au sein d'un Sénat européen.

Indépendamment du fait de savoir si une telle évolution est souhaitable, on doit s'interroger sur sa plausibilité. Il est clair, en effet, que seule une fraction des membres actuels serait éventuellement capable d'entrer dans une telle fédération : essentiellement l'Allemagne, la France et les pays du Benelux. Il est clair également qu'une telle Europe resterait fermée aux pays de l'AELE (dont la plupart veulent conserver leur statut de neutralité) et à ceux d'Europe centrale et orientale (dont le rattrapage économique ne pourra être que lent). Cette option irait donc à l'encontre de tout élargissement.

Une Europe à géométrie variable

Si l'option fédérale se révèle irréaliste, la construction européenne ne va pas, pour autant, cesser de progresser dans les années qui viennent. Une Europe à géométrie variable pourrait, au contraire, permettre de concilier l'objectif d'approfondissement et la nécessité d'élargissement.

Pour ce faire, il suffirait de cesser de considérer que tout candidat à l'adhésion doit, d'emblée, satisfaire aux mêmes exigences que les pays qui sont déjà engagés dans cette aventure depuis quatre décennies. Ainsi, tout pays du continent qui répond à des critères simples (régime démocratique et économie de marché) devrait pouvoir être admis à participer à la construction européenne dans des conditions adaptées à sa situation.

Au lieu de confondre progressivement l'« Union européenne » avec une « Communauté » unique, régie par une Commission polyvalente, il est possible de renforcer la distinction entre deux niveaux institutionnels : d'une part, celui de l'Union européenne, de type confédéral ; d'autre part, celui de communautés décentralisées, spécialisées par domaine et par région, qui comporteraient nécessairement des éléments de fédéralisme.

Le premier niveau serait ainsi ouvert à tous les pays du continent qui remplissent les conditions requises. L'appellation « Union européenne » conviendrait à cette confédération, où l'impulsion serait donnée par le Conseil européen, réunissant les chefs d'État ou de gouvernement, assisté du Parlement européen ; la Commission serait remplacée ici par un secrétariat léger, mandataire permanent de la volonté politique du Conseil. Au second niveau, la construction des

« communautés » décentralisées se ferait à la carte, par la participation des États nationaux qui en auraient à la fois l'aptitude et la volonté. Selon les régions, la fonction de certaines d'entre elles serait de suivre un ou plusieurs des aspects du processus d'intégration : politique commerciale extérieure, politique agricole commune, unification du marché, unification monétaire. Des institutions nouvelles, associant différents pays, pourraient également se révéler nécessaires dans d'autres domaines dont l'importance pour l'avenir est encore plus vitale : il s'agit, principalement, des politiques de sécurité, de coopération, d'environnement et de recherche.

La souplesse d'une telle architecture pourrait permettre de faire face aux impératifs d'élargissement, chaque pays étant susceptible de progresser à son propre rythme. Le principe de géométrie variable, sur lequel elle repose, renforcerait la démocratie en évitant la dérive centralisatrice et technocratique ; en même temps, il autoriserait de nouveaux progrès de la coopération européenne dans des domaines cruciaux où le traité de Maastricht apparaît insuffisant.

BIBLIOGRAPHIE

EMERSON M., « Marché unique, monnaie unique », *Économie européenne*, n° 44, octobre 1990.

PATAT J.-P., *L'Europe monétaire*, La Découverte, coll. « Repères », Paris, nouvelle édition, 1992.

« Traité sur l'Union européenne », *Europe documents*, n° 1759/1760, 7 février 1992.

L'Union européenne, le traité de Maastricht, Commission européenne, bureau de représentation en France, février 1992.

STEINHERR A., *From here to EMU: the Role of the ECU after Maastricht*, mars 1992 ; à paraître dans les actes du colloque du GDR d'économie et finances internationales quantitatives, Economica, 1993.

VII / La nouvelle donne économique dans l'espace de l'ex-Union soviétique

*Anita Tiraspolsky**

C'est un étrange spectacle que celui de l'ancienne économie soviétique. Quelques mois auront suffi pour que s'efface l'image de puissance qu'inspirait l'Union soviétique et que s'impose celle de chaos et de décomposition. Les conseils et les mesures qui, il y a un an encore, devaient conduire l'URSS vers le « marché » semblent dérisoires en 1992.

Nicolas Chmelev, professeur à l'Institut des États-Unis et du Canada de l'Académie des sciences de l'ex-URSS, évoquant le travail d'économiste « soviétique », le compare à « la construction d'une majestueuse tour Eiffel sans fondation, sur un marécage croupi ». Et il ajoute : « Nous ignorions (et nous l'ignorons toujours) la valeur objective du travail, les critères de succès, les stimulants de la réussite, les liens qui existent entre une décision économique et son résultat. » Pour lui, ce qui caractérise l'économie actuelle, c'est que, de plus en plus, elle se définit par des forces non économiques : « ambitions politiques, hasard, amour-propre des grands et petits chefs, conscients ou au contraire malhonnêtes et insensibles, comportement irrationnel de foules amassées, influence de toutes sortes de chimères, calculs et prétentions ethniques d'un autre temps, angoisse, dégradation de l'état psychologique des peuples ». Ce qui joue ou va jouer, c'est la capacité des gens à supporter le désordre, l'intensité des instincts qui peuvent pousser à détruire ou, au contraire, celle

* Chargée d'études à l'IFRI.

des aspirations au calme et à l'ordre. On ne peut plus, alors, faire appel aux seules « catégories économiques pour décrire et comprendre les faits ». De même, les réponses économiques, aussi avérées soient-elles, ne suffiront pas à sortir l'ex-Union soviétique du chaos dans lequel elle est plongée.

1. Les tentatives d'union renouvelée

L'année 1991 a été marquée par deux processus distincts de maintien d'un espace économique unique. Le premier, initié par Mikhaïl Gorbatchev, s'est soldé par le putsch d'août 1991. Le second — par Boris Eltsine — a abouti en décembre 1991 à la constitution d'une Communauté d'États indépendants (CEI) très précaire. Les deux démarches ont en commun une même volonté de préserver l'espace traditionnel de l'URSS. Mais les deux hommes ont été très vite dépassés par les événements et se sont trouvés en décalage constant avec les aspirations des républiques et des régions.

C'est l'Estonie la première qui, le 16 novembre 1988, a demandé au Soviet suprême de l'URSS d'élaborer un nouveau traité de l'Union. La réponse de M. Gorbatchev, alors, a été claire : il se disait prêt à discuter, mais sans précipitation. Le débat s'amorcera à l'été 1989. Le 27 juillet 1989, les trois républiques baltes obtiendront une certaine autonomie économique et comptable à compter du 1er janvier 1990. Le 17 août 1989, la *Pravda* publiera une plate-forme du PCUS remettant pour la première fois en cause le traité d'Union de 1922. Les déclarations de souveraineté et d'indépendance des républiques et des régions porteront, en 1990, le débat au devant de la scène. M. Gorbatchev et B. Eltsine, dans leur opposition mutuelle, en feront un enjeu politique. Les concessions du centre, comme, par exemple, la loi du 17 avril 1990 sur les fondements des relations économiques entre l'URSS et les républiques fédérées et autonomes, seront sans cesse dépassées face à la radicalisation des mouvements indépendantistes. Le principe contractuel, sur lequel cette loi fondait les relations entre le centre et les républiques, devra céder très vite la place à une formule nouvelle, intermédiaire entre un système fédéral et confédéral. Le projet de juillet 1990 préservera, en effet, les compétences de « souveraineté » de l'Union (relations extérieures, défense nationale, monnaie), mais sur délégation expresse des républiques.

Le troisième projet de traité, publié le 24 novembre 1990, fixera, pour sa part, les espaces de liberté laissés aux républiques. Mais, sous l'influence des conservateurs, il reviendra à un système centralisateur. Le terme de fédération aura, certes, disparu au profit de celui d'Union, mais le pouvoir central, tout en conservant le monopole sur la défense, les affaires étrangères et la monnaie, aura un droit de regard sur l'élaboration des politiques républicaines. L'autonomie des républiques est réduite à néant ou presque.

Une autre version, publiée le 9 mars 1991, à une semaine du référendum sur le principe d'une Union rénovée, modifiera, à nouveau, la répartition de pouvoirs entre le centre et les républiques. Elle introduira davantage de concertation pour les grandes lignes politiques et les choix des productions à vocation civile. L'accord de Novo Ogarievo entre le centre et neuf républiques (9 + 1), qui lui succédera le 23 avril 1991, aboutira à une nouvelle publication, le 5 juillet 1991. Plus fédérateur que le précédent, cet accord ne risquera guère de rallier les opposants à l'Union : les pays baltes, l'Arménie, la Géorgie et la Moldavie. Malgré tout, sa signature solennelle sera envisagée pour le 20 août. Il devait entériner le principe d'État souverain et la possibilité à toute république de se retirer de l'Union. Seuls quatre des vingt-six articles étaient consacrés aux problèmes économiques. Ils préservaient l'espace économique unique. La clause de la nation la plus favorisée devait s'appliquer aux États signataires. Le centre conserverait le contrôle des relations économiques extérieures, du budget de l'Union, de la monnaie, des réserves d'or et de diamants et d'autres secteurs stratégiques comme, par exemple, les communications et les transports. Le financement de ces activités serait assuré par des recettes fiscales déterminées avec les républiques. Des programmes de grande envergure pourraient être financés de manière concertée, la contribution de chaque république étant proportionnelle à son niveau de développement. D'une manière générale, ce traité accordait au centre un rôle d'arbitre.

De fait, l'éclatement de l'espace économique était inscrit dans tous ces projets dont aucun ne satisfaisait à la revendication principale des républiques : la propriété totale de leurs ressources naturelles. Le pouvoir de décision exercé en commun par le centre et les républiques — processus éminemment lourd — permettait de saisir toutes les occasions possibles pour retarder une décision. Tout désaccord entre la Russie et ses partenaires, quel qu'en soit le domaine, devait se traduire soit par la victoire des pressions du plus fort, soit par un blocage de l'activité économique. Le traité ne pouvait être viable dans un contexte impliquant des politiques d'austérité et des mesures impopulaires et douloureuses. C'est, dans tous les cas, ce que pouvaient penser les putschistes du 19 août 1991, à la veille de la signature du traité.

M. Gorbatchev, jusqu'à sa démission le 25 décembre 1991, ne renoncera pas à l'Union qu'il croyait bonne pour tous. Jusqu'au bout, soutenu par son conseiller Grigory Yavlinski, il tentera désespérément de la sauver, en s'appuyant essentiellement sur des arguments économiques, particulièrement peu développés dans les versions de traité antérieures au putsch. Ce combat d'arrière-garde s'explique principalement par l'appui des gouvernements de l'Ouest. Les créanciers occidentaux, inquiets d'avoir à compter sur quinze États en pleine déroute économique pour rembourser la dette de l'URSS, incitaient en effet M. Gorbatchev à rafistoler l'Union alors même que la plupart des républiques avaient déjà proclamé leur indépendance au lendemain du putsch.

Dès octobre 1991, l'idée d'Union devra cependant être abandonnée au profit de celle d'une Communauté. La renonciation, au plan politique comme économique, à toute prétention centralisatrice était ainsi consommée. Il ne s'agissait plus, alors, que de faire adopter, simultanément, par toutes les républiques, certains principes de base de l'économie de marché, quitte à occulter le problème de la propriété privée ou le rôle du marché. Quitte, aussi, à renoncer à l'allocation centrale des ressources à prix administrés comme l'envisageaient initialement les accords inter-républiques. Quitte, enfin, à abandonner le système des commandes d'État. Au terme de négociations pénibles, le lien entre Union et républiques se réduisait à la libre circulation des biens, des services, des capitaux et des hommes au sein de la communauté ; un système monétaire, une banque centrale et un système fiscal uniques ; et à un budget, équilibré par le financement conjoint d'un nombre restreint de services communs, par le plafonnement des déficits budgétaires des républiques et par une libération coordonnée des prix.

Huit républiques — Russie, Biélorussie, Kazakhstan, Ouzbékistan, Tadjikistan, Turkménistan, Kirghizie et Arménie — ont fini par signer le traité de Communauté économique à Moscou, le 18 octobre 1991. Elles seront rejointes, le 6 novembre, par la Moldavie et, de façon bilatérale avec chaque république, par l'Ukraine. Seuls la Géorgie, l'Azerbaïdjan et les républiques baltes se seront récusés.

2. Un espace économique en cours d'éclatement

Ce nouvel espace économique tronqué sera très vite mis à mal par les dissensions que posent la constitution d'une communauté politique et, particulièrement, par le refus de l'Ukraine de s'associer au projet. Dès lors, le président russe, Boris Eltsine, se désolidarisant de Mikhaïl Gorbatchev, s'engagera après le vote d'indépendance de l'Ukraine, le 1er décembre 1991, dans des pourparlers d'État à État pour la création d'une Communauté d'États indépendants.

L'accord de création de cette nouvelle Communauté sera signé le 8 décembre 1991, à Minsk, par la Russie, l'Ukraine et la Biélorussie, auxquelles se joindront, le 21 décembre 1991 à Alma-Ata, les autres républiques, sauf la Géorgie et les républiques baltes. L'URSS disparaîtra officiellement le 1er janvier 1991, après démission de M. Gorbatchev, le 25 décembre 1991, et la dissolution du Soviet suprême de l'Union, le 26 décembre. La CEI n'est pas un État. Elle n'a d'ailleurs pas de Constitution. L'économie des républiques peut continuer à fonctionner dans le cadre du traité de Communauté économique. Progressivement, ce dernier sera complété par 24 accords spécifiques définissant l'union budgétaire et les autres fonctions économiques. Mais, aboutissement logique de la décentralisation, l'espace économique, encore unique au 1er janvier 1992, continuera à se fragmenter.

Avec le centre a disparu également la justification de pouvoirs plus orientés vers la défense de l'indépendance nationale que vers le redressement économique. Comment, dès lors, préserver la cohésion au sein de chaque république, elle-même plurinationale, à un moment où les difficultés économiques exacerbent les sentiments nationalistes, si ce n'est en orientant le ressentiment vers le successeur du centre : la Russie. Cette dernière dispose des atouts essentiels pour tenir le rôle de successeur, comme celui de bouc émissaire : 76 % du territoire, 51 % de la population, 62 % du produit matériel net, donc un potentiel économique et un pouvoir militaire dominants, et l'appui de l'Occident qui voit en elle l'héritière unique de l'armement nucléaire soviétique. Pour les signataires de la communauté économique, puis de la CEI, la Russie est et restera dotée d'ambitions hégémoniques. De surcroît, plus la communauté est réduite, plus son caractère russe s'accroît et plus les raisons d'en sortir sont fortes.

Très vite, les frictions se sont multipliées. Elles ont été aggravées par la décision unilatérale de la Russie de libérer 80 % des prix de gros et 90 % des prix de détail, le 2 janvier 1991, ce qui a entraîné une hausse généralisée des prix dans toutes les républiques. L'instauration, unilatérale elle aussi, de barrières à l'exportation des produits « déficitaires » vers les autres républiques a encore aggravé les choses par la suite.

De fait, les points de désaccords entre républiques sont remarquables par leur permanence depuis 1990, qu'il s'agisse du principe de coordination des activités ou du contenu des politiques. La persistance des mésententes provoque la mise en place de véritables frontières plus ou moins perméables. Ainsi, en juin 1992, la Russie, invoquant la nécessité de préserver la sécurité de son territoire, a-t-elle décidé de mettre en place de véritables frontières entre elle, l'Azerbaïdjan et les pays baltes.

Cette incapacité à s'entendre accroît les aspirations à une séparation totale des économies, allant jusqu'à la création de nouvelles monnaies et d'institutions distinctes.

L'échec de la CEI s'accentue. Les ruptures des solidarités inter-républicaines précipitent toutes les économies sur une pente de fort déclin. Or, plus la situation économique se dégrade, plus la volonté de constituer des espaces économiques séparés s'affirme.

Les performances économiques obtenues au cours de l'année 1991 (cf. tableau VI) témoignent clairement d'une accélération de la dégradation qui s'est poursuivie au cours des premiers mois de 1992, pour la production comme pour la consommation. Ce qui s'explique partiellement par le fait que les relations économiques inter-républicaines, qui s'inscrivent pour la plupart dans des accords bilatéraux datant de 1990, ne répondent pas encore à des décisions commerciales, ni à des signaux qui émaneraient de prix du marché.

TABLEAU VI. — INDICATEURS ÉCONOMIQUES DE L'EX-URSS

	Produit matériel net créé		*Exportations*[1]	*Importations*[1]	*Consommation*[2]
	1990-89	*1991-90*	*1991-90*	*1991-90*	*1991-90*
URSS	−4,0	−10,8[2]	−32,6	−45,8	−7,1
Russie	−5,0	−11,0	−29,4	−45,6	−5,8
Ukraine	−1,5	−11,0	−46,3	−38,8	−8,6
Biélorussie	−1,4	−3,0	−41,8	−46,9	−0,5
Moldavie	−6,6[2]	−11,9	−41,3	−50,6	−15,0
Arménie	−9,8[2]	−11,0	−40,6	−19,4	−17,5
Géorgie	−4,3[2]	−23,1[2]	−37,0	−41,6	−25,0
Azerbaïdjan	−7,9[2]	−10,3[2]	−37,9	−43,6	−11,8
Kazakhstan	−1,7[2]	−10,0	−38,4	−39,4	−12,0
Ouzbékistan	+1,4[2]	−10,8[2]	−34,5	−42,1	−8,0
Kirghizie	−0,9[2]	−14,5[2]	−38,7	−42,6	−15,8
Tadjikistan	−8,9[2]	−9,0	−40,4	−48,5	−12,8
Turkménistan	+0,4[2]	−10,5[2]	−30,8	−36,8	11,6
Lettonie	−3,1[2]	−8,0[2]	...	...	−5,1
Estonie	−1,1	−9,9[2]	...	...	−7,0
Lituanie	−13,0[2]	−14,9[2]	...	...	−12,0

1. Valeurs en roubles devises courants.
2. Estimations de PlanEco, vol. VIII, n°s 11-12-13, 27 mars 1992.

Source : Commission économique pour l'Europe, *Economic Survey of Europe in 1991-1992*, ONU, New York, 1992.

Tous les observateurs craignent, pour les prochains mois, une aggravation de la situation que provoquerait une rupture plus forte des échanges inter-républicains. Ils restent sceptiques sur l'efficacité des solutions du type union de paiements qui, une fois tous les prix libérés, laisseraient à la Russie (du moins à moyen terme) un excédent comptable (par rapport aux autres républiques) stérile comme par le passé. A moins, bien sûr, que le monde occidental n'assure la couverture des soldes structurellement créditeurs. La décision russe (mai 1992) de ralentir la hausse des prix de l'énergie pour tempérer le choc qu'il provoque sur les économies des partenaires risque fort de prolonger la durée de vie du système « produits durs » (recherchés)-« produits mous » (surabondants) qui caractérisait déjà les échanges au sein du CAEM. Elle pourrait permettre, toutefois, le maintien de flux d'échanges suffisants pour ralentir la chute de la production. Mais l'élément de chantage qu'un tel système offre à la Russie pour faire pression sur ses partenaires peut inciter ces derniers à adopter des comportements économiques autarciques encore plus accentués, ce qui entraînerait rapidement une chute encore plus grande de la production au fur et à mesure que les échanges tendraient vers zéro. Le terme d'un processus de ce type étant bien la fragmentation complète de l'ex-espace soviétique.

3. Attitude occidentale : pour le maintien de l'unité

L'attitude occidentale n'a sans doute rien changé aux luttes pour le pouvoir qui se sont développées en URSS depuis 1988. Pourtant, l'Ouest et son potentiel d'aide, de savoir-faire technique et institutionnel en matière de marché et d'intégration économique ont servi, dès l'origine du débat centre-républiques, de grille de référence pour le maintien d'une construction économique fédérée. Avec le recul du temps, on constate que le rôle de l'Ouest était loin d'être neutre. L'interaction entre le pouvoir soviétique, puis russe, d'une part, et les gouvernements occidentaux et les organisations internationales, de l'autre, a sans doute été déterminante dans la formulation des positions respectives, qu'elles soient en faveur de l'unité ou du démembrement. C'est en fonction des représentations que chacun se faisait de l'autre que le rôle de l'Ouest s'est finalement développé, même si chacune des parties était poussée par des intérêts qui lui étaient propres. Perçu comme « modèle » d'efficacité par les hommes au pouvoir, l'Occident l'était comme « modèle » de richesse par l'homme de la rue. De son côté, l'URSS et ses républiques suscitaient la crainte d'une déstabilisation de l'Europe pour les dirigeants occidentaux, et celle de pollution et de migrations pour les populations de l'Ouest.

En 1990, analysant les coûts et les avantages économiques d'un maintien de l'Union ou de l'indépendance des républiques, les experts des organismes internationaux se sont montrés très prudents. Si les avantages d'une réforme, poussant la décentralisation aussi loin que possible, semblaient indiscutables, on ne pouvait exclure, à ce moment-là, la fragmentation politique et économique généralisée de l'Union. Dès lors, il semblait pertinent de préconiser une forte coordination des politiques économiques et des actions collectives dans l'espace soviétique.

Dès 1990, l'Ouest (notamment Jacques Delors, président de la Commission européenne) désapprouvait ouvertement un éventuel éclatement monétaire qui entraînerait une désintégration accrue. Toutefois, la confiance dans la capacité de Gorbatchev à maintenir l'Union restait intacte malgré les signes de plus en plus nombreux de difficultés croissantes à opérer la transition économique. Les créanciers multipliaient les plaintes pour non-paiement. M. Gorbatchev, lui-même, sollicitait officieusement l'aide occidentale. Enfin, en octobre 1990, le Gosplan de l'URSS évoquait des menaces de famine pour l'hiver à venir... L'Ouest commençait tout juste à s'interroger sur la nécessité d'aider M. Gorbatchev et à se faire une doctrine sur la gravité de la situation. Dans le même temps, d'ailleurs, certains économistes soviétiques s'interrogeaient ouvertement sur le bien-fondé d'une intervention quelconque de l'Occident. Pourtant, à la fin de 1990, toutes les républiques s'étaient déjà déclarées souveraines.

En 1991, fondant son attitude sur des considérations stratégiques ou sur la rationalité économique des espaces intégrés, l'Ouest continuait à affirmer ses préférences pour le centre, malgré la décomposition du pouvoir politique et la dégradation de l'économie. Les gouvernements occidentaux soutiendront M. Gorbatchev jusqu'à sa démission contrainte, le 25 décembre 1991, se prononçant par là explicitement pour le maintien de l'Union en contradiction avec leurs appels au respect du droit des peuples à disposer d'eux-mêmes.

Dans le domaine économique, l'Ouest appuiera les solution du centre, si peu réalistes soient-elles, face à des mouvements centrifuges de plus en plus radicaux. Ainsi, tout au long des négociations portant sur la dette et sur l'aide, exercera-t-il une pression importante pour que soit instauré un système centralisé qui aurait à charge d'honorer les échéances des dettes de l'URSS. En avril 1992, on considérait ainsi que la Russie assumait 80 % à 85 % du service de la dette au lieu des 61 % prévus, car elle prenait en charge les échéances des républiques défaillantes.

L'Ouest préconise aujourd'hui une coopération interrépublicaine pour préserver une zone rouble ou, au minimum, coordonner les politiques monétaire, financière, fiscale et bancaire nécessaires au maintien des échanges et de la production. Mais les républiques, pour la plupart, considèrent que l'ouverture sur le monde extérieur, hors de la CEI, est seule susceptible de leur insuffler le dynamisme, les références et les fonds nécessaires à une véritable transformation systémique prélude à la constitution d'espaces économiques, politiques et stratégiques clairs.

Bibliographie

Chmelev N., « Blizhajshie prioritety », (« Les priorités les plus proches »), *Voprosy Ekonomiki*, 1992/1.

Commission économique pour l'Europe, *Economic Survey of Europe in 1991-1992*, ONU, New York, 1992.

Groupe d'études et de recherches sur la stratégie soviétique (GERSS), « La marche vers le traité de l'Union rénovée », *Défense nationale*, janvier 1992.

Tiraspolsky A., « L'URSS : le chaos », *Ramsès 92*, Dunod, Paris, 1991.

VIII / La Russie en réforme*

*Marie-Agnès Crosnier***

Depuis qu'elle a proclamé sa souveraineté, le 12 juin 1990, la Russie ne cesse d'affirmer son adhésion à l'économie de marché. Ce n'est toutefois qu'à la suite du putsch avorté d'août 1991, qui rendait inéluctable la disparition de l'URSS, qu'elle a eu à sa disposition les moyens de réaliser ses ambitions. Ainsi, dès le 28 octobre 1991, avant même que l'échec des ultimes tentatives de Mikhaïl Gorbatchev pour maintenir une Union économique et politique soit consommé, son président, Boris Eltsine, présentait au Parlement un programme de réformes sur lequel il engageait toute son autorité et sa popularité, se faisant dans la foulée nommer Premier ministre et octroyer des pouvoirs spéciaux en matière économique.

Ce programme « Eltsine » est souvent comparé à celui de la « thérapie de choc » dans lequel s'est engagée la Pologne en 1989. Tous deux se conforment, en effet, aux recommandations du FMI, qui préconisent l'emploi de méthodes musclées dans un environnement économique délabré. Mais les ressemblances s'arrêtent là. Hormis les spécificités de chacun des deux pays, qui tiennent à leur histoire comme à l'hypertrophie du complexe militaro-industriel que les Russes ont hérité de l'URSS, les réformes en Russie ont pour

* Ce chapitre est une version actualisée d'une étude publiée dans *Le Courrier des pays de l'Est*, n° 368, avril 1992.

** Chargée d'études à la Documentation française.

toile de fond une grave grise institutionnelle et font l'objet de nombreuses attaques. Du Parlement premièrement, mais aussi de certaines républiques et régions autonomes qui ne veulent plus être soumises comme avant. Ces attaques s'ajoutant au chaos économique ambiant, la probabilité de réussite des réformes entreprises semble bien compromise.

1. La tentative de rétablir les grands équilibres économiques

Le programme « Eltsine », plan de transition à l'économie de marché, a été placé sous la responsabilité du premier vice-Premier ministre Yegor Gaïdar et inauguré le 2 janvier 1992 par la libéralisation des prix, mesure complétée ensuite le 7 mars. Depuis cette date, tous les prix de gros et de détail sont libres, à l'exception de ceux de la vodka, des transports en commun, de l'énergie, ainsi que ceux des charges locatives. Pour permettre à la population de résister au choc des hausses de prix, les salaires industriels ont été déréglementés, les traitements des fonctionnaires revalorisés de même que les indemnités monétaires versées aux catégories sociales les plus défavorisées.

Trois mois après son lancement, cette réforme des prix se caractérisait par des résultats plutôt négatifs. Certes, des produits introuvables auparavant ont reparu sur le marché d'État et quelques signes d'ajustement, rares il est vrai, sont apparus sous l'effet de la diminution de la demande. L'irrésistible ascension des prix sur les marchés libres, observée en 1991, s'est ainsi arrêtée et, ici ou là, certains d'entre eux baissent. Mais, en revanche, la réforme, à défaut d'être soutenue par des mesures d'accompagnement réellement efficaces, n'a pu éviter l'hyperinflation. La hausse est officiellement évaluée à 519 % au premier trimestre de 1992 par rapport au niveau moyen de 1991. Sous la pression sociale, elle entraîne des augmentations de salaires et de revenus.

Cette inflation aura eu, au demeurant, pour conséquence inattendue de provoquer une pénurie de papier-monnaie et ce bien que l'Hôtel de la monnaie fonctionne à plein régime et imprime des coupures de plus en plus grosses (1 000 roubles à la mi-mars, 5 000 roubles début juin). Ce manque de liquidités a frappé les salariés et les retraités au moment même où ceux-ci voyaient fondre leur pouvoir d'achat, le revenu réel moyen ayant diminué de 40 % entre décembre 1991 et janvier 1992. Aussi les Russes ont-ils été contraints, selon des estimations de la Banque mondiale présentées lors d'une conférence internationale qui s'est tenue à Moscou les 2 et 3 avril 1992 (les *Izvestija* du 4 avril 1992), de réduire leur consommation alimentaire de 10 % à 12 % au premier trimestre. Les privations auraient porté tout particulièrement sur la consommation de viande, de fromage, de sucre, de thé et de café (pour lesquels la diminution aurait atteint 30 % à 40 %). D'où un débat dans lequel la libéralisation des prix est accusée d'avoir plongé dans la misère la majeure partie de la population. Ce thème sensible fait rage et donne lieu à des appréciations discordantes. Selon les syndicats et divers instituts de recherches indépendants, plus de 90 % des Russes auraient, fin mars 1992, un revenu inférieur au minimum vital, tandis que le Comité des statistiques ne dénombre, quant à lui, « que » quelque 50 millions de pauvres (un tiers de la population), vers lesquels a été orientée en priorité l'aide humanitaire d'urgence reçue des pays occidentaux.

Parallèlement à la libéralisation des prix, il a été prévu de remettre en ordre les finances publiques. L'objectif visé était de ramener le déficit budgétaire de 20 % du PIB en 1991 à 1 % dès la fin du premier trimestre 1992. Aussi les dépenses de l'État ont-elles été fortement dégraissées, notamment dans le secteur de la défense, dans lequel les commandes d'armement ont été réduites de 50 % à 60 %, et dans celui des subventions, qui sont désormais exclusivement réservées aux entreprises dont les prix continuent d'être réglementés. Le gouvernement éprouve cependant des difficultés à maintenir ses engagements d'économies budgétaires. Sous la pression du Parlement, des catégories sociales organisées (mineurs, militaires) et des entreprises stratégiques, il doit accorder des augmentations de salaires ou de crédits et des exonérations fiscales.

Par ailleurs, les recettes fiscales rentrent mal. Du fait, notamment, des baisses de production, d'exportation et de demande ou encore de l'insolvabilité des contribuables ou du manque de savoir-faire des inspecteurs du fisc. La toute nouvelle taxe sur la valeur ajoutée (TVA), impôt nouveau pour les Russes qui n'ont qu'une faible expérience de l'imposition indirecte, pourrait, cependant, améliorer les rapports de la fiscalité. Sa perception devrait, en effet, représenter environ la moitié des recettes. A condition, toutefois, que les républiques et régions autonomes acceptent d'en reverser une partie au budget fédéral. Certaines, arguant de prétextes économiques ou politiques, refusent encore, pour l'instant, de verser leur quote-part.

Inflation des dépenses et contraction des recettes aidant, au terme du premier trimestre 1992, le déficit budgétaire s'établissait à 84 milliards de roubles (8 % à 10 % du PNB) pour la Russie proprement dite. Mais le bilan consolidé de la Fédération — Russie plus les entités qu'elle englobe et qui bénéficient d'un budget autonome — ne faisait apparaître, après prise en compte des rétentions de recettes fiscales, qu'un déficit de 19 milliards de roubles (1,4 % à 4,8 % du PNB, selon l'évaluation hypothétique de ce dernier).

Réforme des prix et assainissement budgétaire avaient tous deux pour objectif principal de rétablir la confiance dans le rouble, confiance dont la première manifestation aurait été une réappréciation de la monnaie nationale par rapport aux devises étrangères, et, plus particulièrement, par rapport au dollar. Ces mesures se sont accompagnées d'une libéralisation de la réglementation des changes. Mais celle-ci, outre qu'elle maintient un contrôle sur les opérations des entreprises et des particuliers, n'est cependant pas allée jusqu'à introduire une transparence totale. A côté d'un taux « libre » — taux des ventes aux enchères des devises entre les entreprises —, elle soutient plusieurs taux, dits « taux du marché », qui lui permettent d'affecter — à raison de 110 roubles pour un dollar — 10 % des recettes des entreprises à l'entretien d'un fonds de stabilisation de la monnaie nationale et 40 % de ces mêmes recettes au service de la dette — à raison de 55 roubles pour un dollar. Ces diverses mesures n'ont pas dispensé la banque centrale d'intervenir sur le marché des changes à maintes reprises depuis le début de l'année. Elle a dû y soutenir le cours du rouble, d'ailleurs avec un certain succès puisque sa valeur par rapport au dollar tend à s'apprécier alors qu'elle était en chute libre à l'automne dernier. On peut, toutefois, s'interroger sur la durée de ce redressement tant la conjoncture est mauvaise.

2. Une activité économique sacrifiée aux grands équilibres

L'activité économique est la grande sacrifiée de la politique de stabilisation. Déjà mal en point en 1991, année durant laquelle la production industrielle avait diminué de 2,2 %, la production agricole de 5 % et les investissements de 11 %, elle devrait, selon les prévisions officielles, décliner encore en 1992 de 25 % à 30 % pour la production industrielle, de 9 % pour la production agricole et de 30 % à 40 % pour les investissements. Les mesures timides, voire ambiguës, adoptées dans les domaines de la production, des échanges extérieurs et des privatisations ne devraient pas permettre d'inverser ou, au moins, de freiner cette tendance.

Les baisses de production sont en partie expliquées par la propension des entreprises à tirer profit de l'absence de concurrence. Guerre a donc été déclarée aux « monopoles », sur le papier du moins. Certaines mesures de contrainte administrative ont été adoptées pour les mettre au pas, mais le démantèlement des géants de l'industrie n'est pas envisagé dans l'immédiat. La banque centrale a, cependant, imposé une politique d'encadrement du crédit dont les effets pourraient être beaucoup plus efficaces. Les banques commerciales, créées sur des initiatives privées, ne prêtent, en effet, qu'à court terme et à des taux exorbitants aux yeux de leurs clients (jusqu'à 70 % à six mois contre 2 % à 6 % auparavant). L'objectif recherché est de tarir la source de l'excédent de création monétaire. Pour pallier l'assèchement du crédit, les entreprises devraient puiser dans les stocks financiers qu'elles avaient précédemment accumulés. Or, elles ont, semble-t-il, déjà passablement écorné leurs réserves. La plupart d'entre elles se trouvent, à présent, dans l'incapacité de régler leurs fournisseurs. Entre janvier et avril 1992, le montant des factures impayées aurait ainsi été multiplié par vingt.

Quant aux restructurations, elles sont pour le moment limitées au secteur de la défense, qui emploie 25 % de la main-d'œuvre industrielle de la Russie. La compression de

50 % à 60 % des commandes militaires en 1992, qui entraînera le licenciement d'un million de personnes (soit 1,3 % de la population active), devrait conduire plusieurs centaines d'entreprises à changer de profil. Mais cette conversion sur une grande échelle, si toutefois elle se matérialise quatre ans après avoir été annoncée par l'URSS, coûtera cher (100 milliards de roubles pour la seule année 1992). Aussi ne pourra-t-elle être menée à bien que si elle bénéficie de concours étrangers.

Sur le plan de la politique économique extérieure, la ligne définie n'est guère plus audacieuse, quand elle n'est pas empreinte de l'obsession de remplir les caisses de l'État. Ainsi, les droits de douane à l'importation sont abaissés, mais non supprimés, comme l'intention en avait été émise pour stimuler la concurrence. De même, les taxes à l'exportation frappant les principaux secteurs porteurs sont fixées à un niveau relativement élevé (30 % à 50 % du prix mondial du produit concerné). Par ailleurs, un régime de licences et de quotas à l'importation et à l'exportation est maintenu sur un certain nombre de produits en vue de permettre à l'administration de protéger les « intérêts économiques » de la Fédération, c'est-à-dire principalement ses besoins intérieurs. Mais, afin d'aiguillonner la compétition, licences et quotas à l'exportation sont vendus aux enchères et même autorisés à faire l'objet d'un marché secondaire. Si ce n'est cette dernière mesure, dont les effets incitatifs risquent pourtant d'être annihilés par le manque de ressources des rivaux potentiels des principaux exportateurs (de pétrole principalement), rien n'a été réellement entrepris pour stimuler des exportations qui ont diminué en glissement de 20 % au premier trimestre de 1992. Par voie de conséquence, bien que les importations n'aient augmenté que de 15 % durant la même période, les finances extérieures de la Russie se trouvent en assez mauvaise posture. Le pays a, en effet, « hérité » de la plus grosse part de la dette soviétique (61,34 % des 70 milliards de dollars) et si le remboursement du principal a été reporté par les créanciers occidentaux à la fin de juin 1992, il n'en éprouve pas moins bien des embarras du fait de sa pénurie de devises. Aussi l'offre des pays du G7, début avril 1992, d'une aide de 24 milliards de dollars est-elle la bienvenue : outre des différés de paiement sur la dette, cette enveloppe comprend des crédits commerciaux garantis (10 milliards de dollars, dont 6, antérieurement débloqués, n'avaient pas été utilisés), un crédit *stand-by* du FMI et la constitution d'un fonds de stabilisation du rouble de 6 milliards de dollars.

Les privatisations sont appelées, elles aussi, à contribuer à la stabilisation macroéconomique. Elles sont censées rapporter 92 milliards de roubles au budget de l'État pour la seule année 1992, d'après le programme présidentiel du 26 décembre 1991, qui les officialisait alors que, en fait, elles avaient commencé de façon rampante dès 1988-1989 puisque, en vue de se prémunir, certains « nomenklaturistes » n'ont pas hésité, depuis ces années, à s'approprier une partie du capital d'État, d'où le voile de suspicion qui entoure ces opérations. Comme dans les pays d'Europe centrale et orientale, une distinction est faite entre petites et grandes privatisations. Les premières, qui concernent le commerce de gros et de détail, la restauration, les services de proximité, les industries textiles et alimentaires, les chantiers en cours, etc., devraient, pour l'essentiel, être achevées avant la fin de 1992, 20 % à 70 % des entreprises, selon les secteurs, étant alors la propriété de particuliers.

Quant aux secondes, qui visent les autres secteurs de l'économie, où les entreprises seront transformées en sociétés par actions moyennant quelques privilèges réservés à leur personnel, elles devraient s'échelonner sur trois à cinq ans. Trois mois après le lancement du programme de Boris Eltsine, en décembre 1991, ces privatisations semblaient ne pas rencontrer l'enthousiasme attendu, comme en attestait la faiblesse des revenus qui en étaient issus. Ils sont, en effet, dix fois inférieurs à ceux qui avaient été initialement prévus pour le trimestre (30 millions de roubles au lieu de 300 millions). A la crainte qu'éprouve la population de se voir dupée s'ajoute l'insuffisance de l'épargne, érodée par l'inflation et de plus en plus employée aux achats courants. De surcroît, l'ouverture de comptes nominatifs, dotés de 6 000 à 7 000 roubles, inspirée de l'exemple des coupons distribués en Tchécoslovaquie, comptes qui devaient donner à tous une chance égale dans l'achat de parts, a été reportée, pour cause d'économies budgétaires, au mieux à l'automne 1992 ou à 1993.

La réforme agraire a relativement mieux démarré, le nombre d'exploitations paysannes a été multiplié par 1,5 entre le 1er janvier et le 1er mars 1992, succès qui doit cependant être tempéré par la très faible proportion des terres agricoles dont ces exploitations disposent (moins de 1 %) et par le rôle insignifiant qu'elles jouent dans la production (moins de 0,5 %). D'une superficie moyenne de 40 hectares et formées de terres données gratuitement par les autorités locales à ceux qui en font la demande, ces exploitations ne connaissent pas partout une situation des plus florissantes. Priorité ayant été donnée à la réorganisation des kolkhozes et sovkhozes déficitaires, elles se retrouvent souvent pourvues de terres peu rentables et de matériels défectueux. En outre, elles manquent de moyens financiers pour faire face au renchérissement des investissements et du crédit. Enfin, les revirements successifs du pouvoir sur la question du statut de la terre — peut-on la donner en propriété privée ou seulement en usufruit ? — n'est pas de nature à rassurer la partie de la paysannerie qui se sent prête à prendre son destin en main.

3. Une voie étroite

En dépit des signaux nombreux et répétés qui ne pouvaient manquer d'éveiller certains doutes sur le bien-fondé de la thérapie de choc du gouvernement, ce dernier a cependant décidé de ne pas désarmer et a adopté, fin février 1992, un « mémorandum » sur les actions qu'il entend entreprendre dans les mois à venir. Élaboré avec la coopération d'experts occidentaux et destiné à être soumis à l'approbation du FMI, ce document reprend, en les durcissant, les orientations définies lors du lancement des réformes en janvier. Il apparaît avant tout comme la caution que réclament les bailleurs de fonds occidentaux et, dès lors, sans prise directe sur la réalité du pays.

Ce mémorandum, depuis sa publication, fait l'objet d'attaques de toutes parts. Les économistes lui reprochent de céder à la vision monétariste du FMI qui, selon eux, ne peut s'appliquer à une Russie sortant de plusieurs décennies d'économie de commandement et toujours ligotée par un secteur militaire hypertrophié. Les industriels russes, regroupés dans une puissante organisation, l'Union des industriels et entrepreneurs de Russie dont l'influence déborde largement les frontières de la Fédération, jugent suicidaire le sacrifice de la production au profit d'une stabilisation aléatoire. Ils se montrent surtout marris de n'être pas écoutés et moins encore consultés, tant par l'administration centrale que par l'administration locale. Les parlementaires, enfin, ne sont pas en reste. Ils ont joué leur va-tout lors de la sixième session du Congrès qui s'est déroulée du 6 au 21 avril 1992, pendant laquelle leurs différents groupes ont présenté des programmes alternatifs de réformes. Ils ont, néanmoins, fini par se rallier à une ligne politique qu'ils condamnaient, dans la plus grande indifférence d'une opinion publique convaincue qu'il n'existe aucune alternative à Boris Eltsine.

Un tel concert de vitupérations a eu, semble-t-il, quelque peu raison des résistances du gouvernement. Ce dernier a dû lâcher un peu de lest en avril, discrètement il est vrai. Ainsi l'agriculture s'est-elle vue allouer des aides substantielles sous forme de subventions, d'investissements budgétisés et de crédits à taux préférentiels ; les taxes à l'exportation ont été allégées, voire supprimées, au profit de certains opérateurs ; une somme de 50 milliards de roubles (pour le seul mois d'avril) a été débloquée en faveur des entreprises industrielles dont, en outre, 10 % à 20 % des crédits interentreprises seront réescomptés. La population n'a pas non plus été oubliée : les salaires et les pensions seront relevés de 130 % à partir du 1er mai et les traitements des fonctionnaires, qui restent les salariés les plus mal rémunérés, seront revalorisés de 80 % au cours du deuxième trimestre.

Mais encore faut-il financer ces dépenses supplémentaires sans compromettre la rigueur budgétaire. La solution préconisée par le FMI réside dans l'augmentation du prix intérieur de l'énergie qui, pour le pétrole notamment, au taux moyen de change du premier trimestre, ne représentait que 3 % à 5 % du cours international. Un relèvement de 400 % à 500 % de ce prix, qui restera, cependant, encore inférieur d'un tiers au cours mondial, devrait donc intervenir au 1er mai 1992. Et ce au grand dam des autres États de la CEI, qui bénéficiaient jusqu'alors d'un avantage comparatif, et du monde agricole, engagé dans les campagnes de semailles et bientôt de récoltes. Les utilisateurs russes, dont la consommation excessive d'énergie tient autant, sinon plus, à des technologies désuètes qu'à un comportement de gaspillage, recevront des indemnités financées par les amendes dont seront passibles les producteurs pratiquant des prix supérieurs aux tarifs fixés par l'État.

Selon le gouvernement, la hausse des prix de l'énergie devrait permettre de contenir, au deuxième trimestre de 1992, le déficit budgétaire dans des limites raisonnables, de l'ordre de 7 % du PNB, et donc de poursuivre une politique d'assainissement. De telles assertions peuvent-elles cependant suffire à apaiser les inquiétudes qu'inspire aux pays occidentaux l'instabilité de la situation politique en Russie ? Rien n'est moins sûr, mais ils sont décidés à éviter la dérive d'un pays armé jusqu'aux dents ; aussi la Russie a-t-elle été accueillie au FMI le 27 avril 1992.

Emportée tout d'abord par l'euphorie du changement, l'équipe conduite par Boris Eltsine se trouve, au printemps 1992, durement confrontée à la réalité. Sous peine de perdre, pour le plus grand dommage de tous, ce pari gigantesque que constitue le passage de la Russie à l'économie de marché, force lui est désormais de découvrir une voie moyenne permettant de satisfaire à la fois les besoins d'un appareil productif à bout de course et les exigences des pays occidentaux dont le soutien financier est vital. Tout l'avenir de la Russie tient dans ce dosage on ne peut plus délicat.

BIBLIOGRAPHIE

Dossiers de presse du Centre d'études et de documentation sur l'ex-URSS, la Chine et l'Europe de l'Est (CEDUCEE), La Documentation française.

La Situation économique de l'Europe en 1991-1992, rapport du secrétariat de la Commission économique pour l'Europe, ONU, New York, 1992.

Troisième partie

La compétition technologique et industrielle

IX / Aéronautique : la course aux alliances transcontinentales

*Jean-François Jacquier**

1992 marquera une étape décisive dans la bataille que se livrent depuis une vingtaine d'années les constructeurs d'avions de ligne de part et d'autre de l'Atlantique. Pour les partenaires d'Airbus Industrie, en particulier, le cru 1992 ouvre probablement une ère de profondes mutations structurelles et stratégiques. Remettant en cause les règles d'un jeu bien établi, deux événements majeurs sont venus contrarier les ambitions des Européens dans le secteur de l'aéronautique civile. Au regard de l'histoire, le veto de Bruxelles du 3 octobre 1991 au rachat du canadien De Havilland par le consortium franco-italien ATR (constitué d'Aérospatiale et d'Alenia), et l'accord CEE-États-Unis conclu — mais non signé — en mai 1992 sur la limitation des aides étatiques aux programmes futurs apparaîtront sans doute comme le prélude à une vaste redistribution des cartes à l'échelle planétaire. Commercial et technologique, l'affrontement va désormais se déplacer sur le terrain de la finance. Avec, pour conséquence, une course effrénée à la recherche d'alliances transcontinentales et l'entrée en scène de nouveaux acteurs.

1. L'Europe contrariée

Si le veto au rachat de De Havilland a fait tant de bruit sur le vieux continent, c'est précisément parce que Bruxel-

---

* Journaliste à *L'Usine nouvelle*.

les a refusé de prendre en compte ce phénomène de « globalisation » de l'aéronautique civile. Pour la Commission européenne, l'opération orchestrée par les Français et les Italiens risquait d'aboutir à la création d'un monopole sur le marché des petits avions (moins de 130 places). Un risque jugé contraire aux intérêts des consommateurs, en l'occurrence les passagers des lignes aériennes intra-européennes. Dans cette affaire, le rôle déterminant de Leon Brittan, l'ultra-libéral commissaire à la Concurrence, a été vivement critiqué tant par les industriels concernés que par les gouvernements de Paris et de Rome. Car, au bout du compte, le refus de Bruxelles a favorisé l'émergence d'une dangereuse concurrence pour l'Europe en permettant la reprise — largement subventionnée — de De Havilland par le canadien Bombardier. Accident de parcours ? Sur le coup, ce faux pas n'a pas ébranlé la volonté d'Aérospatiale et d'Alenia de s'imposer comme leaders sur le marché mondial des *commuters*. Regroupés derrière Deutsche Aerospace, filiale de l'allemand Daimler-Benz, les deux associés n'ont-ils pas tenté, quelques mois plus tard, de prendre le contrôle du hollandais Fokker ? De son côté, la Commission a fini par admettre, du bout des lèvres, la nécessité d'un examen plus formel des réalités industrielles dans l'analyse de ses dossiers. N'empêche : dans l'Europe du Marché unique, l'aéronautique ne pourra plus ignorer le pouvoir des eurocrates. Or, leur approche, essentiellement dictée par le souci de protéger le consommateur, a toutes les chances de se heurter souvent aux intérêts de cette industrie de haute technologie, dévoreuse de capitaux et dont les cycles s'étalent sur vingt ou trente ans. Tout se passe comme si les industriels du vieux continent n'avaient finalement rien à gagner à la construction d'une Europe trop axée sur son marché intérieur : un marché déjà devenu depuis longtemps trop étroit pour eux.

Boeing et McDonnell Douglas, leurs rivaux américains, qui contrôlent encore plus de 60 % du marché, mais dont le monopole s'effrite au rythme de l'agrandissement de la famille Airbus, n'allaient pas rater l'occasion de porter le fer dans la plaie. Au printemps 1992, au terme d'une polémique amorcée en 1986, Washington s'attaquait avec succès au système de financement des programmes européens. Jouant

TABLEAU VII. — PARTS DE MARCHÉ DES CONSTRUCTEURS DE GROS ET MOYENS PORTEURS CIVILS
(% d'unités commandées ferme)

En %	*1975*	*1985*	*1990*
Europe	**10,5**	**24,5**	**37,1**
Airbus Industrie	0,4	15,0	31,3
Divers européens	10,1	9,5	5,8
États-Unis	**89,5**	**75,5**	**62,9**
Boeing Company	61,8	58,9	46,4
McDonnell Douglas Corp.	24,2	16,6	16,5
Divers américains	3,4	—	—

Source: The European Aerospace Industry, CEE, 1991.

TABLEAU VIII. — PRODUCTION DE L'INDUSTRIE AÉROSPATIALE* DANS LA TRIADE
(Millions d'écus, prix et changes courants)

	1980	*1985*	*1989*	*1990*
États-Unis	42 005 (67,2)	118 982 (77,8)	111 600 (69,6)	105 317 (67,3)
CEE	19 662 (31,4)	30 440 (19,9)	43 822 (27,3)	45 355 (29,0)
Japon	871 (1,4)	3 558 (2,3)	4 900 (3,1)	5 660 (3,7)
Total	*62 538* (100)	*152 983* (100)	*160 322* (100)	*156 312* (100)

Source: « Panorama de l'industrie communautaire, 1991-1992 », *Eurostat 1991*, estimations M. Fouquin pour 1990. * Le secteur couvert comprend le civil, le militaire, les pièces détachées, les moteurs, etc.

de la double menace d'une condamnation devant le GATT et de mesures de rétorsion visant à taxer de 15 % à 20 % tous les Airbus vendus aux États-Unis, le département du Commerce obtenait des Européens que les aides étatiques (avances remboursables) accordées aux futurs programmes soient limitées à 33 % des coûts de développement contre 60 %, et plus, jusque-là. Un rude coup pour les constructeurs européens incapables d'autofinancer la différence. Ce n'est pas un hasard si les constructeurs d'outre-Atlantique, notamment Boeing, le n° 1 mondial, ont choisi de relancer la compétition sur ce terrain des financements. Objectif : tenter de déstabiliser Airbus Industrie afin de prendre l'avantage dans la course aux alliances internationales sur un marché dont l'épicentre est en train de basculer de l'Atlantique vers le Pacifique, de l'Occident vers l'Asie.

L'enjeu est de taille : entre les nécessités de renouvellement des flottes vieillissantes et les besoins d'extension liés aux perspectives de croissance du trafic aérien, qui devrait doubler d'ici l'an 2000, la plupart des experts s'accordent pour prévoir l'achat de quelque 8 000 appareils pour un montant de 300 à 400 milliards de dollars au cours des dix prochaines années. Un pactole qui aiguise les convoitises et dont la répartition fixera le destin des industriels de l'aéronautique. D'autant que leurs activités militaires, particulièrement rémunératrices, s'inscrivent inexorablement à la baisse, désarmement oblige. Ainsi la part du civil, qui est déjà passée de 13 % en 1960 à 50 % au début des années quatre-vingt-dix, va devenir prépondérante.

En toute logique, le face à face Europe-États-Unis ne peut donc que se radicaliser. Et, pour le géant Boeing comme pour McDonnell Douglas, il devient vital d'empêcher toute nouvelle percée d'Airbus Industrie. Car les succès du consortium européen, fondés sur l'intégration des technologies les plus avancées, constituent désormais une menace prise très au sérieux à Seattle comme à Long Beach. En quinze ans, Airbus s'est emparé de 30 % des commandes mondiales (hors pays de l'Est) mettant un terme à l'hégémonie des deux américains, y compris sur leur marché domestique. McDonnell Douglas, dont les parts de marché ont fondu comme neige au soleil, est le premier à en faire les frais et, faute d'un prompt rétablissement, risque de se faire éjecter de la partie. La position dominante de Boeing et sa logistique européenne bien rodée lui permettent de mieux résister. Mais la technologie européenne, qui ambitionne maintenant de s'attaquer au dernier monopole détenu par le 747 dans le créneau des gros porteurs (jumbo-jets), met, à son tour, le géant de Seattle en danger.

2. L'Amérique menacée porte le fer sur le terrain financier

Seul appareil de ce type sur le marché, le 747 reste une formidable source de bénéfices pour Boeing. Le projet d'Airbus de lancer un avion de 700 places (l'A 350) d'ici à la fin du siècle pourrait tuer la « poule aux œufs d'or ». Surtout si la tendance des compagnies à préférer les gros porteurs pour faire face à l'encombrement des cieux se confirme.

Désormais dépourvus de l'arme technologique, attaqués sur leur rente de situation, les Américains ont donc décidé de répliquer sur le même registre. La limitation des aides financières directes apportées par les gouvernements sponsors d'Airbus va réduire la marge de manœuvre des Européens, rendant plus difficile l'éclosion de nouveaux programmes. En échange, les États-Unis, qui n'ont jamais pratiqué le système européen d'avances remboursables pour le financement des développements civils, ont accepté de limiter leurs aides indirectes à 4 % du chiffre d'affaires des constructeurs. Même si ces aides indirectes sont difficilement contrôlables, car distribuées massivement sous le couvert de la recherche militaire, l'accord imposé à la CEE a, au moins, le mérite de conclure un armistice allant dans le sens d'une harmonisation des conditions de la concurrence.

Le premier effet du nouveau rapport de forces ainsi créé sera certainement de calmer la surenchère de programmes déclenchés par l'irruption d'Airbus Industrie sur le marché. En vingt ans, cette surenchère a donné naissance à des familles entières de jets : A 300, 310, 320, 330, 340, chez Airbus ; B 757, 767, 777 chez Boeing ; MD 11 et 80 chez McDonnell. Une pause, même relative, se révèle nécessaire pour rentabiliser ces gigantesques investissements.

Pour les programmes considérés comme stratégiques — essentiellement les très gros porteurs (jumbos) — et le développement de nouvelles versions des modèles existants, des alliances avec les pays importateurs seront indispensables. D'abord, parce que ces derniers, de plus en plus soucieux de posséder leur propre industrie aéronautique, ne se laissent plus séduire qu'à coups de compensations et de transferts technologiques. Ensuite, parce que les risques, qui se chiffrent en dizaines de milliards de francs, ne sont plus supportables par un seul constructeur.

3. L'Asie-Pacifique incontournable

Tous les yeux se tournent, dès lors, vers l'Asie. Ses longues distances, sa forte croissance démographique et ses faibles coûts salariaux, qui permettent aux compagnies aériennes locales de pratiquer une politique de prix attractive, désignent naturellement l'Asie comme nouveau pôle de développement de l'aviation commerciale et, en amont, de l'industrie aéronautique. Ainsi, tous les spécialistes misent sur un taux de croissance du trafic aérien asiatique double de celui attendu en Europe ou aux États-Unis. Selon le cabinet Ernst & Young, la part du trafic mondial réalisée dans la zone Asie-Pacifique devrait passer de 15 % en 1990 à 25 % en l'an 2000. A la même époque, le trafic transpacifique sera supérieur au trafic transatlantique. Des pays comme le Japon et Taiwan possèdent, en outre, de formidables capacités de financement, propices à la création de partenariats industriels.

La puissance diplomatique, économique et militaire des États-Unis dans cette région du monde bénéficie évidemment aux firmes américaines. Elles ont d'ailleurs déjà pris une longueur d'avance. Le Japon est depuis longtemps sous-traitant des programmes civils de Boeing. Il fournit aussi 10 % des composants avioniques des Américains. En 1995, 20 % de l'électronique du Boeing 777 seront japonais. McDonnell Douglas, pour sa part, a proposé à Taiwan Aerospace de coproduire un jumbo de 600 places, le MD 12, en échange d'un apport, sous une forme ou une autre, de 2 milliards de dollars, soit l'équivalent de la moitié des investissements nécessaires à la mise au point de l'appareil. Airbus Industrie ne devrait pas faire exception. « La nouvelle donne nous contraint à envisager des délocalisations par le biais des financements », devait confirmer un des partenaires du consortium au lendemain de l'accord CEE-États-Unis sur la limitation des aides étatiques. Le Japon et la Corée figurent aux premiers rangs des pays courtisés.

A ce jeu, les Européens auront, toutefois, un double handicap à surmonter. En premier lieu, ils devront dépasser le cap de leur traditionnelle coopération par programme et procéder à une intégration progressive de leurs moyens industriels et de recherche. L'expérience vient d'être tentée avec succès dans le domaine des hélicoptères. Il n'est pas interdit d'imaginer qu'Airbus suive l'exemple, ou plutôt qu'Aérospatiale et Deutsche Aerospace, ses deux actionnaires principaux, décident de créer une filiale commune pour les gros avions à réaction. C'est en tout cas ce type de scénarios que la Communauté entend privilégier, notamment au travers d'une restructuration de ses aides à la recherche. La trop grande dispersion de l'industrie aéronautique européenne est source de gaspillage. Elle l'empêche de bénéficier d'économies d'échelle similaires à celles de ses concurrents américains. Second problème majeur, qui pénalise gravement l'aéronautique européenne, la sous-évaluation du dollar. Airbus vend en dollars, mais ses coûts sont comptabilisés en francs, en marks, en livres... Conséquence : Airbus ne commence à gagner de l'argent qu'à partir du 900ᵉ appareil livré alors que Boeing rentre dans ses frais dès le 600ᵉ. Afin de remédier à cette situation insupportable, Bruxelles a envisagé l'élaboration d'un système d'assurance du risque de change. Mais la profession, qui devrait l'autofinancer, n'y trouverait guère d'avantages. Sans parler des difficultés à mettre en place un tel fonds de garantie, en période de faiblesse du dollar, sans déroger aux règles du GATT. En réalité, seul le rétablissement d'un système monétaire mondial limitant les fluctuations des changes permettrait de résoudre le problème. La création d'une monnaie unique européenne contribuera à la poursuite de cet objectif, même si celui-ci n'est pas près d'être atteint. Une raison supplémentaire pour les Européens de chercher à délocaliser une partie de leurs fabrications vers des pays à bas coûts salariaux. Vers l'Asie, bien sûr, mais aussi vers les pays de l'Est, dont les industries aéronautiques sont aussi anciennes que celles de la France ou de la Grande-Bretagne. Leur main-d'œuvre est correctement formée et cinq fois moins chère que celle d'Europe de l'Ouest. Certains de ces pays ont, d'ailleurs, déjà des références à présenter : la Pologne effectue des travaux pour Aérospatiale en compensation d'achats d'ATR (avion de transport régional) ; la Yougoslavie fabrique pour Boeing des éléments du 737 et du 757 ; la Roumanie produit des moyens courriers, les Rombacs, en coopération avec British Aerospace.

4. Vers un partenariat mondial

Le principal défi de l'industrie aéronautique réside finalement dans l'envolée de ses coûts de développement. Avec, pour corollaire, la nécessité de trouver de nouveaux types de financements, de partager les risques et d'allonger les séries. A chacune de ces contraintes, les pays d'Asie fournissent une solution : forte croissance économique, besoins d'avions, capacité d'investissement exceptionnelle. Mais ils exigeront, en retour, la technologie leur permettant de s'insérer, à leur tour, dans le concert des nations aéronautiques. Ainsi, de bipolaire, la configuration de cette industrie va-t-elle devenir tripolaire. Quadripolaire, peut-être, demain, si les pays de l'Est réussissent leur conversion à l'économie de marché. La globalisation des marchés conduit à la globalisation des réalisations. L'an 2000 marquera la fin du duel à huis clos Europe-États-Unis. Au-delà, l'ère des futurs supersoniques ouvrira probablement la voie à une coopération planétaire. Américains, Japonais, Européens et Russes s'y préparent déjà au sein d'un comité chargé d'évaluer la faisabilité d'un tel projet.

Bibliographie

Situation et tendances de l'industrie aéronautique et spatiale européenne pour les vingt prochaines années, étude de J.M. Montserrat, Ernst & Young Audit et Conseil, Paris, 1991.

Navires et avions, le financement des investissements 1990-1999, IFREMER, Brest, 1992.

La Filière du transport aérien dans le monde, Eurostaf, Paris, 1992.

X / Un géant dans le fracas : quelles issues stratégiques pour IBM ?

Abdelaziz Mouline et
*Jean-Louis Perrault**

« Nous avons engagé beaucoup d'armements dans cette guerre. Notre casque est cabossé — mais pas nécessairement plus que les autres *gus* ; probablement moins que les autres *gus* [...]. Évidemment, la réalité n'est pas aussi réjouissante qu'elle l'a été. Mais, cela, je ne peux pas le contrôler. »

Les propos du président d'IBM, John Akers, dans le courant de l'été 1991, sont fatalistes et combatifs à la fois. Il est pourtant le P-DG du cinquième groupe industriel mondial, du premier groupe mondial de l'électronique et, bien entendu, au sein du secteur de l'électronique, du premier groupe mondial de l'informatique, loin devant le second, Digital Equipment. Depuis le siège social d'Armonk (New York), le directoire d'IBM a tissé depuis près d'un siècle un réseau mondial qui lui permet de réaliser plus de 60 % de ses 69 milliards de dollars de ventes (le PIB de la Pologne ou de la Turquie) hors des États-Unis. Le potentiel technologique de « Big Blue » représente plus de 6 milliards de dollars dépensés chaque année dans la recherche-développement, c'est-à-dire plus de 25 % de l'ensemble des dépenses françaises de recherche publique et privée.

Malgré cela, depuis 1986, la croissance des ventes du groupe est médiocre. En 1991, pour la première fois depuis 1946, les ventes ont reculé de 6 %. « Big Blue » a affiché

* Respectivement CERETIM-CNRS et maître de conférence à l'université de Rennes-I.

alors sa première perte d'exploitation (2,8 milliards de dollars, soit 4,3 % des ventes). L'informatique dans son ensemble se trouve confrontée à des contraintes spécifiques. Il s'agit, d'une part, de la nature de l'industrie, c'est-à-dire la façon dont les avancées techniques ont bouleversé les métiers de l'industrie, et, d'autre part, du durcissement de la concurrence sous la pression des producteurs japonais et de nouveaux producteurs en Asie que John Akers estime à plus de 50 000. La firme d'Armonk a réagi à ces difficultés et s'est engagée systématiquement dans des alliances stratégiques. Depuis une dizaine d'années, le contexte y est favorable, grâce à la multiplication des entreprises nouvelles de haut niveau technologique au sein de l'oligopole.

1. Une industrie de la maturité

Depuis 1956, date du véritable essor de l'informatique mondiale, l'histoire d'IBM et celle de cette industrie sont indissociables. Sur un marché monoproduit, composé essentiellement d'ordinateurs universels — les *mainframes* —, IBM a longtemps imposé sa domination aux autres sociétés, le BUNCH (Burroughs, Sperry-Univac, NCR, Control Data et Honeywell) aux États-Unis et le BISON (Bull, ICL, Siemens, Olivetti, Nixdorf) en Europe de l'Ouest. Les changements de générations de matériels étaient orchestrés par le géant américain avec les annonces retentissantes des IBM 360, en 1963, puis des IBM 370, en 1970. Les concurrents essayaient de suivre le leader s'ils voulaient survivre.

L'informatique s'est imposée comme le segment le plus dynamique de l'électronique et est bientôt devenue la première des branches de ce secteur, dont elle représentait 30 % du chiffre d'affaires en 1990 sans les logiciels, et 41 % avec ceux-ci. Malgré les baisses de prix régulières (10 %-20 % par an), les ventes de matériel informatique ont été en moyenne, chaque année, de près de 18 % contre 14,3 % pour le PIB mondial. Compte tenu de la taille de « Big Blue », sa croissance (12 %) se situe traditionnellement en deçà de celle de l'industrie. Mais, depuis 1985, la différence est devenue très sensible : le chiffre d'affaires d'IBM ne croît plus que de 6,6 % par an contre 12,5 % pour l'ensemble de l'industrie.

Tout au long de son histoire, les innovations majeures ont transformé de fond en comble cette industrie : le mini-ordinateur de DEC en 1957, le microprocesseur d'Intel en 1971, ou le micro-ordinateur d'Apple en 1976 ; pour les années quatre-vingt-dix, on parle de la technologie RISC... Toutes ces innovations convergent pour définir l'informatique distribuée. Une informatique mise à la portée de tous, qui se substitue aux grands sites centralisés gérés par des spécialistes. C'est avec retard qu'IBM évalue l'enjeu de ces ruptures. Son métier de base, l'ordinateur universel ou *mainframe*, ne fait plus que 10 % des ventes de matériel informatique en 1990, contre 25 % en 1980 et plus de 80 % en 1970. Simultanément, la concurrence par les prix devient intense, transformant le matériel *(hardware)* en produit « ordinaire ». Les *mainframes* demeurent les produits aux marges les plus élevées : 60 % contre 40 % pour les mini et 20 % pour les micro. Les producteurs japonais vont être au cœur de cette offensive. Mais il faut attendre 1984 pour que la division « Far East-Americas » d'IBM, chargée des marchés asiatiques et américains, soit éclatée et qu'une division « Asie-Pacifique » soit établie à Tokyo. Dès cette époque, IBM subit l'offensive des producteurs japonais non seulement au Japon, mais aussi dans toute leur zone d'influence.

Ainsi, lorsque la quatrième génération d'ordinateurs universels est annoncée par IBM en janvier 1979, quatre producteurs japonais répliquent dans les mois qui suivent (Fujitsu, Nec, Hitachi, Toshiba). Le marché japonais est désormais reconquis. Le chiffre d'affaires de Fujitsu dépasse pour la première fois celui d'IBM-Japon. L'annonce, en mars 1982, de la grosse série 3081 trouve une réponse immédiate de la part des « Big Three » avec le M-380 de Fujitsu, le M-280H d'Hitachi et l'Acos 1000 de NEC. En septembre 1990, Fujitsu devance l'annonce de l'ES 9000 d'IBM d'une journée, en présentant son M-1800. Ainsi les producteurs japonais ont-ils remporté la course de vitesse qui les oppose à IBM dans le secteur où celle-ci était la plus forte. Il n'est pas étonnant non plus que, dans ces conditions, la performance des Japonais en matière de croissance du chiffre d'affaires soit très supérieure à celle d'IBM.

L'intensité de la concurrence japonaise et le progrès technique incessant provoquent des bouleversements permanents dans la structure de l'industrie. Aux États-Unis, Intel vacille, en 1979, et est repris par National Semiconductor qui forme National Advanced Systems (NAS) ; Burroughs et Sperry-Univac fusionnent en 1984 ; Control Data se replie sur les périphériques, et Honeywell cède son activité à Bull, NAS à Hitachi en 1989 et AT & T acquiert NCR, en 1990. En Europe, tous les constructeurs sont affectés de façon récurrente. Pendant l'ensemble des années quatre-vingt, les fusions-acquisitions seront leur seule alternative (Bull-SEMS, ICL-STS, Siemens-Nixdorf) avant la vente (mini de Philips à DEC, faillite de SMT-Goupil, acquisition d'ICL par Fujitsu et d'Apricot par Mitsubishi).

2. De la tertiarisation et des alliances stratégiques

Dans les années quatre-vingt, le métier de base change. Le progrès technique a banalisé le matériel et rendu plus attractives les activités de services tandis que de nouvelles architectures de systèmes ont été élaborées, qui ont permis le développement des stations de travail et vont constituer le champ de bataille de ce que l'on appelle le multimédia.

La banalisation du *hardware*, la chute des prix et des profits qui en résulte, et l'informatique décentralisée ont créé une demande explosive de logiciels et de services informatiques. Ceux-ci constituent désormais un des segments les plus dynamiques et les plus rentables de l'industrie. Avec des taux de croissance de 20 % l'an, ces deux postes ont fini par représenter 20 % du chiffre d'affaires de l'industrie.

Les utilisateurs réclament la mise en compatibilité de leurs matériels anciens et nouveaux, c'est-à-dire l'intégration en réseaux de leurs systèmes. Aussi IBM a opéré un revirement spectaculaire dans sa philosophie de croissance en abandonnant l'idée de tout faire en interne et en optant pour les alliances. En 1980, afin d'imposer son standard sur le marché des micro-ordinateurs, IBM s'associe avec Microsoft. Malgré cela, et bien que premier fournisseur mondial de logiciels et services, IBM ne réalise pas les niveaux de croissance de ses principales concurrentes dans cette branche. Les services font 31 % de son chiffre d'affaires en 1990 dans ce domaine (dont 17 % dans les logiciels), « Big Blue » affiche l'ambition d'en tirer 50 % de ses revenus en 1995. Voulant forcer la porte des marchés de l'intégration de système informatique, IBM a engagé d'innombrables alliances. La plus retentissante est l'accord avec AT & T afin de rendre compatibles leurs systèmes de gestion de réseaux. Les deux sociétés tentent ainsi de mieux s'implanter dans le domaine de firmes comme Electronic Data Systems (EDS), filiale de General Motors, qui gèrent totalement les réseaux de données et de relations d'un client. IBM est peu présent dans ce genre d'activité, appelée *outsourcing*. Outre la rentabilité de cette activité, elle lui permettrait de trouver un débouché (interne) à ses propres ordinateurs.

Cela dit, les alliances ne sont pas toutes stables. Ainsi, la coopération entre Microsoft et IBM dans les systèmes d'exploitation pour micro et les applications date du début des années quatre-vingt. Dès 1986, les deux firmes ont travaillé en commun pour définir le nouveau système d'exploitation du micro-ordinateur PS d'IBM. Lancé en 1988, ce système souffre d'imperfections. En revanche, si les versions antérieures de l'interface graphique Windows de Microsoft compatible avec l'ancien système n'ont rencontré qu'un médiocre succès, celle présentée en 1990, Windows 3.0, en constitue un énorme qui relance dès lors l'ancien *operating system* au détriment du nouveau standard OS. Le conflit ouvert succède à la coopération. IBM recrute des vendeurs indépendants de logiciels (ISV) pour concevoir des applications pour sa nouvelle version OS/2 2.0 et Microsoft annonce une version imminente OS/2. 3.0, proche d'Unix, compatible avec DOS et Windows, mais pas OS/2 2.0, et qui pourrait être le point d'entrée de Microsoft dans la branche des stations de travail.

En réponse à cela, IBM s'est rapproché du deuxième producteur mondial de micro-ordinateurs, Apple.

L'architecture RISC et le multimédia

Depuis le milieu des années quatre-vingt, une nouvelle architecture d'ordinateurs est en passe de révolutionner le secteur ; il s'agit de l'architecture RISC (*Reduced Instructions Set Computer*, ou ordinateur à jeu d'instructions réduit). Cette nouvelle conception est déjà abondamment utilisée sur le segment très dynamique des stations de travail. Elle va probablement se généraliser très rapidement et s'imposer comme standard dans le multimédia.

RISC

RISC est une architecture de processeur qui confère une grande puissance aux stations de travail en permettant l'exécution rapide des programmes grâce à un jeu simplifié d'instructions. Jusqu'à l'apparition du RISC, on concevait des processeurs disposant d'un très grand nombre d'instructions de base très complexes. De plus, on s'est aperçu qu'au moins 30 % de ces instructions étaient très rarement utilisées et encombraient inutilement le processeur. L'architecture RISC a radicalement renversé cette tendance puisqu'elle n'a conservé qu'une petite centaine d'instructions très simples. Les contraintes d'intégration sont donc moindres et les fréquences d'horloge que l'on peut atteindre plus élevées. Ces nouvelles approches permettent le traitement simultané de plusieurs opérateurs logiques et augmentent sensiblement les performances des processeurs qui verront leur puissance en MIPS (millions d'instructions par seconde) plus que tripler.

C'est en 1974 qu'IBM a inventé l'architecture RISC. Pourtant, la société n'introduit sa première station de travail qu'en 1985 et ce n'est qu'en 1990, avec le RS/6000, qu'elle obtient son premier succès dans ce domaine. Grâce à cette réussite, la firme d'Armonk a pu négocier un réseau d'alliances avec Apple et Motorola, en 1991, et avec Bull, en 1992. Le groupe français utilisera l'architecture RISC d'IBM pour produire des stations de travail et développera pour la firme américaine des serveurs multiprocesseurs sous Unix. Ces alliances sont indispensables d'autant plus que, limité au départ au marché des stations de travail, le RISC devient l'architecture de référence que les constructeurs envisagent pour toutes les futures machines, du PC aux très puissants serveurs Unix multiprocesseurs. A partir de ces alliances, les constructeurs ont développé ce que nous qualifierons de

« Tecno-réseaux » (réseaux technologiques) dans la mesure où il existe plusieurs types d'architecture RISC : le SPARC développé par SUN (Fujitsu, Philips...), le PA RISC de Hewlett-Packard (Hitachi, Mitsubishi, Samsung....), le MIPS de MIPS Computer (LSI Logic, NEC, Siemens, Toshiba...), le RS 6000 d'IBM (Apple, Motorola, Bull, SGS-Thomson)... Les perspectives de l'architecture RISC sont les plus prometteuses dans un autre domaine en pleine effervescence, le multimédia.

Le multimédia

Le multimédia est la mise en relation de systèmes très divers, développés indépendamment les uns des autres et fédérés par l'outil informatique. Au carrefour des technologies de l'audiovisuel, de l'informatique et des télécommunications, le multimédia fournira la maîtrise et l'intégration de l'image, du son, des données et du texte à partir d'un poste de travail unique. Il doit s'appuyer sur un langage unique et un système de gestion de données *ad hoc*. Interviennent alors le LAO (langage à objets) et les SGBD AO (systèmes de gestion de banque de données à objets). Les avantages de ces technologies apparaissent dans le domaine du développement des interfaces et de leur aptitude à fournir une structure logique globale pour les données complexes.

Le multimédia est à l'informatique contemporaine ce que les ordinateurs personnels ont été à l'informatique des années quatre-vingt. Il fait intervenir les concepteurs, les éditeurs, les fabricants de composants, les constructeurs de matériels informatiques... Les secteurs d'utilisation seront, dans un premier temps, essentiellement ceux de la formation, de l'éducation, de la communication, de la recherche de documentation et des loisirs.

Les alliances sont, là aussi, indispensables pour être présent sur un marché estimé (selon le cabinet américain Information Summit Strategies) à 5 milliards de dollars en 1990 et à 15 milliards en 1995. C'est dans ce contexte qu'IBM et Apple ont décidé de créer, en octobre 1991, une société commune, Kaleida, pour développer de nouvelles technologies et des produits multimédia. Elle concevra et distribuera des spécifications et des technologies d'échange de données, son, graphiques, vidéo, texte et images animées pour faciliter l'inter-opérabilité des ordinateurs et des produits électroniques grand public. Les deux firmes ont par ailleurs entamé, en mai 1992, des négociations avec la firme japonaise Toshiba. L'alliance qui se prépare doit permettre de lier le savoir-faire de Toshiba, dans les équipements audiovisuels et la miniaturisation de produits grand public, avec l'assise informatique d'IBM et d'Apple et les acquis de Time Warner (Toshiba y a investi un milliard de dollars en 1991) dans les programmes TV, la télévision par câble et son catalogue de films. Le partenariat entre IBM, Apple et Toshiba doit couvrir l'ensemble de la technologie multimédia, depuis le développement de systèmes d'exploitation jusqu'à la production et la commercialisation de produits multimédia spécifiques. Toshiba pourrait également participer aux travaux de Kaleida.

La fin du XXe siècle aura aussi été la fin de la marche solitaire d'IBM. De 67 % du marché mondial de l'informatique en 1970, le géant n'en détient plus que 21 % vingt ans plus tard. Les nouvelles trajectoires technologiques lui imposent des alliances non seulement dans l'informatique, mais également dans le secteur stratégique des composants. Cela explique les rapprochements avec Toshiba, en septembre 1989, pour la production d'écrans à cristaux liquides, avec Siemens, en janvier 1990 et juillet 1991, pour fabriquer et développer des mémoires DRAM 16 Mbits et 64 Mbits, avec Intel, en novembre 1990, pour la recherche et la production en commun de microprocesseurs...

Bibliographie

Birrien Y., *Histoire de l'informatique*, PUF, « Que sais-je ? », Paris, 1990.

Breton Ph., *Histoire de l'informatique*, La Découverte, Paris, 1987.

Commissariat général du Plan, *Une stratégie d'urgence pour l'électronique*, La Documentation française, Paris, 1991.

Ligonnière R., *Préhistoire et histoire des ordinateurs*, Robert Laffont, Paris, 1987.

Van Remoortere M., *Informatique mondiale: la fin d'une décennie exceptionnelle*, Gresea, Bruxelles, 1991.

XI / Industrie automobile : la montée des périls

*Jean-Jacques Chanaron**

Le début des années quatre-vingt-dix aura été marqué par une nouvelle dépression conjoncturelle des marchés automobiles des pays industrialisés. Les reculs ont été significatifs : entre 1990 et 1991, les ventes de voitures particulières ont chuté de 20,7 % en Grande-Bretagne, de 18,1 % en Suède, de 12 % en France, en Espagne et aux États-Unis (pays où elles avaient déjà diminué de 7 % en 1989, puis de 6 % en 1990), et de 3,2 % au Japon (où c'est la première baisse après dix ans de croissance). Seul le marché allemand, sous l'effet de l'unification, était en progression : 24,1 %, qui se répartissaient en 12,8 % pour les *Länder* de l'Ouest et 11,3 % pour les constructeurs non allemands. Mais même ce marché s'est retourné au début de l'année 1992.

1. Pertes historiques pour les constructeurs américains

Pour les trois grands de Detroit (Chrysler, Ford et General Motors), les années 1990-1992 ont bien été celles de nouveaux et importants bouleversements.

General Motors a annoncé des pertes de 4,5 milliards de dollars pour 1991, les pertes les plus fortes de toute son histoire. Pourtant, ses filiales automobiles hors des États-Unis ont dégagé des profits de 2,1 milliards de dollars tandis que

* Chargé de recherches au CNRS (IREP-D).

ses filiales hors automobile aux États-Unis (GM Hughes Aerospace, General Motors Acceptance Corporation — finances — et Electronic Data Systems) enregistraient des résultats très positifs. Ce sont donc bien les opérations automobiles nord-américaines qui sont à l'origine des grandes difficultés du premier groupe industriel du monde. Les réactions ont été à la mesure des difficultés. En 1992, douze usines de pièces et de montage vont être fermées définitivement — deux fermetures seulement étaient initialement programmées — et un vaste remodelage des structures dirigeantes va être mis en œuvre. En effet, en décembre 1991, GM, prenant les devants, a annoncé que, d'ici 1995, 21 usines seront fermées et qu'ainsi 75 000 emplois seront supprimés, ce qui a entraîné des provisions de 1,8 milliard de dollars pour restructuration.

Ford n'est guère mieux loti. Le groupe a annoncé des pertes totales de 2,3 milliards de dollars pour 1991 contre des profits de 860 millions de dollars en 1990. Son chiffre d'affaires mondial a, en effet, régressé de près de 10 %. Ses pertes sur le marché nord-américain coïncident exactement avec son déficit annuel total.

Quant à Chrysler, ses pertes, en 1991, ont été de 800 millions de dollars malgré des économies de 3 milliards et la cession de ses parts dans Diamond Star, sa filiale commune avec Mitsubishi. Pour couvrir les pertes prévues pour 1992, le groupe a rétrocédé, fin mars, la moitié (5,5 %) de la participation qui lui restait dans Mitsubishi Motors pour la somme de 205 millions de dollars.

2. Difficultés des « transplants » japonais

Même les « transplants », les unités d'assemblage de véhicules japonais délocalisées aux États-Unis et au Canada, d'où sont sorties 1,3 million de voitures en 1990 et qui ont permis aux marques japonaises de s'adjuger au total 34,3 % du marché américain, semblent travailler à perte. C'est l'une des raisons de la baisse sensible des résultats des maisons mères pour les derniers trimestres de 1991 et les premiers mois de 1992. Ainsi, Honda a vu ses profits reculer de 36 % au dernier trimestre de 1991, recul qu'il a officiellement imputé aux baisses des résultats de ses filiales, sans préciser lesquelles, ni leur localisation. Toyota a annoncé une diminution de 30 % de ses profits au second semestre de 1991, largement imputable, selon lui, à l'accroissement des coûts de marketing et de publicité sur les marchés américain et japonais pour soutenir une demande en baisse. Daihatsu a dû, carrément, se retirer, et Isuzu ne paraît pas en meilleure posture, puisqu'il envisage de se spécialiser dans les véhicules utilitaires.

Les pressions protectionnistes se renforcent. Ainsi, une vaste campagne « Achetez américain » s'est développée sur l'ensemble du territoire et des projets de loi tendent à limiter les importations de voitures japonaises, voire la production des transplants. Les pressions politiques renforcent ce mouvement. Début février 1992, le gouvernement américain a annoncé qu'en vertu de certaines dispositions de l'accord de libre-échange entre les États-Unis et le Canada, les véhicules Honda Civic assemblés par Honda au Canada ne remplissaient pas les conditions — un contenu nord-américain d'au moins 50 % — d'importation en *duty free* et qu'un droit de douane de 2,5 % serait imposé sur les 75 000 unités importées chaque année. Les relations commerciales entre le Japon et les États-Unis dans le secteur de l'automobile sont donc des plus tendues, le montant du déficit automobile américain pour 1991 correspondant à celui du déficit total de la balance commerciale globale entre les deux pays.

Les réactions des constructeurs japonais sont diverses. D'une part, ils organisent des contre-campagnes de lobbying parlementaire ou médiatique pour mettre en évidence leur contribution à la création d'emplois et les effets d'entraînement sur les équipementiers locaux. D'autre part, ils augmentent leurs prix pour améliorer le résultat de leurs filiales et freiner les ardeurs des consommateurs. Ainsi, le 14 février, Toyota a augmenté le prix de ses modèles haut de gamme « Lexus » de 5 % en moyenne, soit 1 700 dollars, et celui des modèles ordinaires de 3,2 %, soit 450 dollars. Honda a suivi deux semaines plus tard. Reste à savoir, évidemment, quels rabais sont ensuite consentis aux acheteurs lors des campagnes de promotion. Enfin, sous la pression du ministère japonais du Commerce et de l'Industrie (MITI), ils se sont engagés à réduire volontairement le plafond de leurs exportations sur le marché américain de 2,3 millions, leur quota actuel, à 1,65 million de véhicules complets pour l'année fiscale 1992, qui débute au 1er avril. Ce geste n'est, en fait, que d'une portée très limitée puisque ces exportations se sont élevées à 1,73 million d'unités en 1991. Elles ont, en effet, régulièrement diminué depuis 1987 où elles atteignaient 2,21 millions d'unités. Il masque mal l'augmentation en valeur des importations que provoque la progression des véhicules de haut de gamme.

La crise du marché nord-américain du début des années quatre-vingt-dix aura eu de graves répercussions. Plusieurs centaines de milliers d'emplois ont dû être supprimés par les constructeurs, les équipementiers et les réseaux de distribution. Il faudrait une reprise très nette de la croissance économique pour que la tendance puisse s'inverser.

3. CEE-Japon : quel consensus ?

La définition d'un consensus sur l'épineux dossier des importations de voitures japonaises dans la Communauté économique européenne n'est pas chose facile. Alors même que des « éléments de consensus », présentés comme définitifs, ont été trouvés par la Direction générale pour les Affaires extérieures de la CEE et le MITI, et publiés en juillet 1991, la question reste d'une brûlante actualité.

Le dossier est d'autant plus complexe que le consensus recherché doit comporter au moins sept niveaux. Un premier niveau, supranational, entre la CEE et le Japon ; un deuxième entre les gouvernements des pays constructeurs de voitures : Allemagne, Espagne, France, Grande-Bretagne et Italie ; un troisième entre firmes européennes ; un quatrième entre firmes japonaises implantées en Europe et les autres ; un cinquième entre firmes autonomes au sein de chaque État européen : PSA-Renault en France, Volkswagen-Mercedes-BMW-Ford-General Motors en Allemagne ; un sixième entre les firmes et les organisations professionnelles ; et un septième, enfin, entre Directions générales de la Communauté économique européenne : celle chargée du marché intérieur et de la politique industrielle et celle des affaires extérieures.

Or, cette complexité est bien souvent occultée. Seuls les principaux antagonismes sont relevés, notamment celui opposant PSA à tous ses confrères unis officiellement sur une même position ; ou celui opposant les pays à quota — Espagne, France et Italie — à tous les autres considérés comme libéraux et « bons » européens. Cependant, les clivages évoqués ne sont pas aussi marqués qu'on pourrait le penser. D'autres constructeurs européens que PSA ne cachent plus désormais leur opposition à l'accord nippo-européen. BMW et Mercedes, par exemple, frappés de plein fouet par la concurrence des modèles haut de gamme japonais — Honda « Accura », Toyota « Lexus », Nissan « Infiniti » et, bientôt, Mazda « Amati ». Ou encore, Ford et General Motors qui la subissent aussi aux États-Unis.

Les « éléments de consensus » prévoient une libéralisation progressive et complète d'ici à l'an 2000 du marché européen des voitures particulières, des véhicules tout-terrain, des véhicules commerciaux légers, des camions légers (moins de 5 tonnes) et des pièces détachées. Toutes les barrières nationales, notamment les quotas, devraient être supprimées à partir de 1993. De même devraient être levées toutes les restrictions aux investissements et à la libre circulation des produits japonais. Mais, pour assurer une période d'ajustement aux constructeurs européens, un *monitoring* — que l'on peut traduire par guidage — des exportations japonaises dans la Communauté serait, en revanche, instauré pour une durée allant jusqu'à la fin de 1999. Pour l'ensemble de la CEE, pour une demande totale estimée à 15,1 millions d'unités, les importations de voitures japonaises seraient ainsi limitées à 1,23 million d'unités, en conjoncture normale, dont 190 000 en Grande-Bretagne, 150 000 en France, 138 000 en Italie, 79 000 en Espagne et 23 000 au Portugal. Des négociations semestrielles sont, cependant, prévues pour déterminer les tendances et ajuster les exportations japonaises à l'évolution de la demande européenne.

Ces éléments de consensus font, toutefois, l'objet d'interprétations divergentes pour, d'une part, la prise en compte des productions délocalisées en Europe et, d'autre part, le partage de la croissance ou des contractions conjoncturelles du marché. Sur le premier point, que revendique la CEE, la partie japonaise déclare n'avoir jamais pris d'engagement sinon pour exclure de la négociation la production des « transplants » qu'elle qualifie d'européenne. Sur le second, la Communauté semble bien décidée à appliquer ses propres solutions aux incidences des fluctuations : réserver, notamment, un tiers de la croissance des immatriculations aux constructeurs européens ou réduire, le cas échéant, les importations de voitures japonaises des trois quarts de toute diminution selon le résultat des analyses biannuelles. Restrictions que la partie japonaise refuse d'accepter en soulignant que les discussions ont seulement porté sur « une manière équitable » d'ajuster ses exportations. Ces divergences d'interprétation sont directement liées au fait que les « éléments de consensus » ne sont pas un accord formel, mais un *gentleman's agreement* qui ressemble énormément au *Volontary Restriction Agreement* accepté par le MITI au Canada et aux États-Unis où, d'ailleurs, il perd peu à peu de sa substance du fait de la montée en puissance des « transplants ».

Un tel flou est préjudiciable aux deux parties car il mène fatalement à de nouveaux malentendus et, probablement, à de nouveaux affrontements. Ainsi, en avril 1992, lors de la réunion de guidage de printemps, le MITI japonais n'a pas accepté les prévisions de baisse des immatriculations européennes en 1992 sur lesquelles la CEE s'appuyait pour exiger une réduction de 100 000 unités des exportations japonaises pour cette année. La CEE affirme, pourtant, qu'il valait mieux un accord flou, mais consensuel, qu'un accord fermé qui aurait été dénoncé à la première divergence d'intérêts.

Or, les divergences d'intérêts susceptibles d'inciter les deux parties à s'affronter sont nombreuses. Elles sont liées, tout d'abord, à la compétitivité respective des constructeurs. Les « transplants » japonais en Europe sont de construction récente et utilisent des techniques plus évoluées et de meilleurs modèles d'organisation que les constructeurs européens confrontés à des coûts financiers et sociaux qui freinent leur mise à niveau. Elles sont liées, également, à l'absence de « réciprocité » dénoncée par certains Européens selon lesquels les barrières bloqueraient l'entrée au Japon des exportations européennes. Et, enfin, aux dispositions réglementant la distribution tant en Europe qu'au Japon. En Europe, ces pratiques sont sélectives, mais on ne voit pas bien à qui pourrait profiter leur interdiction. Au Japon, elles sont très restrictives pour les produits d'importation, mais la faible pénétration des constructeurs européens tient surtout à leur manque d'agressivité dans la conquête du marché nippon.

Pour résumer, lorsqu'on met de côté le manque de dynamisme des constructeurs européens, tant pour se restructurer que pour pénétrer le marché japonais, le cœur du problème qui oppose la CEE au Japon semble bien être l'inclusion, ou non, de la production des transplants dans les importations européennes.

Pourtant, les constructeurs japonais d'automobiles sont encore peu présents en Europe. Nissan est le seul à disposer d'une unité d'assemblage de taille significative : 100 000 voitures par an qui, selon le constructeur, incluraient un « contenu européen » de 70 %. La capacité de cette unité devrait être portée à 200 000 unités en 1992-1993, son « contenu européen » devant alors atteindre 80 %, tandis que la moitié, environ, de sa production devrait être exportée et que son effectif salarié devrait progresser de 2 200 à 3 500 personnes. Honda est présent, également, par le biais d'accords passés avec le britannique Rover. Pour l'instant, les deux groupes étudient en commun des modèles produits sous leurs marques respectives (Rover 200/Honda Ballade ; Rover 800/Honda Legend ; Rover 400) ; Rover en assemble certains, y compris des modèles baptisés Honda, qu'il équipe, pour partie, de moteurs japonais dont certains proviennent de l'usine Honda de Swindon dont la production (70 000 unités par an) a démarré fin 1989. Une usine d'assemblage d'une capacité annuelle de 100 000 véhicules est en cours de construction ; sa capacité nominale ne devrait, cependant, être atteinte qu'en 1994. Toyota a, pour sa part, annoncé, en 1989, des projets de grande ampleur en Grande-Bretagne. Il s'agirait d'une usine de montage représentant un investissement total de 1,2 milliard de dollars. Cette usine devrait être opérationnelle fin 1992 avec une capacité annuelle initiale de 100 000 unités qui pourrait être portée à 200 000 en 1997-1998. Il s'agirait aussi d'une usine de moteurs qui permettrait au constructeur d'atteindre au plus vite un « contenu européen » de 80 % en montant sur ses modèles ses propres équipements.

Ce qui éveille surtout la méfiance, malgré l'impact sur l'emploi de ces investissements, c'est qu'en fait la pénétration en Europe des constructeurs japonais suit un plan comparable à celui qu'ils ont déployé aux États-Unis. Dans un premier temps, implantation purement commerciale, ici dans les pays non constructeurs (Benelux, Suisse, Scandinavie, Irlande), puis dans les pays constructeurs non protectionnistes (RFA, Grande-Bretagne). Ensuite, pour pallier les pressions protectionnistes, mise en place d'accords d'autolimitation et recherche de partenaires potentiels, puis implantation d'unités d'assemblage final, avec, dans le cas de l'Europe, une préférence marquée pour la Grande-Bretagne et l'Espagne. Et, enfin, augmentation du contenu local, notamment en incitant des fournisseurs affiliés à créer des usines en Europe.

Il n'est pas facile d'évaluer les impacts tant positifs que négatifs des « transplants ». Leur implantation est l'occasion de créations d'emplois industriels. Avec une capacité de production de l'ordre de 500 000 à 600 000 unités par an en 1994, ils auront généré plus de 10 000 emplois au total. Mais la question est de savoir combien d'emplois auront été perdus chez les concurrents et chez les fournisseurs. De même, en termes de balance commerciale, les réductions d'importation de véhicules complets sont souvent plus que compensées par l'augmentation des importations de composants.

En Grande-Bretagne, pourtant, ces implantations semblent avoir eu un effet positif en matière de pratiques sociales et de méthodes de management. Celle de Nissan, par exemple, a été utilisée comme terrain d'expérimentation de nouvelles formes de relations sociales : interdiction des conditions d'appartenance syndicale préalable à l'embauche ; signature d'accords salariaux à moyen terme (trois ans en général) en échange d'un engagement de renoncement à la grève ; acceptation du principe de la création d'un syndicat unique d'entreprise, voire d'établissement. Les concurrents locaux des « transplants » japonais ont, par ailleurs, été incités à adopter des méthodes de gestion jugées plus efficaces (juste-à-temps, contrôle de qualité totale, approvisionnements auprès de fournisseurs qualifiés, etc.).

Une « nouvelle frontière » : l'Europe de l'Est

Les perspectives d'expansion du marché en Europe de l'Est peuvent-elles adoucir les difficultés enregistrées en Amérique du Nord ou en Europe ? C'est sans doute le rêve de nombreux dirigeants des groupes automobiles : GM, VW et Mercedes Benz y ont déjà implanté de solides têtes de pont dans l'espoir de profiter des débouchés locaux, des faibles coûts salariaux (un dixième des coûts ouest-allemands), d'une main-d'œuvre compétente, disponible, et rompue à la discipline industrielle et des divers régimes de faveur fiscaux offerts aux investisseurs étrangers.

En Tchécoslovaquie, VW a ainsi pris le contrôle de Skoda dont il compte, au prix d'investissements massifs (9 milliards de marks d'ici l'an 2000), porter la capacité à 450 000 unités au milieu des années quatre-vingt-dix. Il a également repris BAZ pour disposer de ses capacités d'assemblage final et de fabrication de composants. Mercedes-Benz a pris le contrôle d'Avia et Liaz pour assurer sa domination du marché européen du poids lourd.

En Hongrie, GM Europe s'est associé à Raba et a investi 350 millions de marks dans une usine de moteurs et d'assemblage (d'une capacité de 210 000 moteurs et 30 000 « Astra » par an). Suzuki s'est allié à l'État pour construire une usine de montage (235 millions de dollars) qui produira, à terme, 50 000 modèles de bas de gamme « Swift » ; Ford, pour sa part, a investi 85 millions de dollars dans une unité de composants.

En Pologne, Fiat s'est placé en position de force avec une prise de participation de 51 % dans le capital de FSM qui produit la « Cinquecento » depuis la fin 1991 (500 000 exemplaires doivent être produits d'ici 1996, puis 160 000 par an à partir de 1997, dont le tiers pour l'exportation). Le groupe italien négocie avec Lada en Russie et Zastava en Yougoslavie. En Pologne aussi, la reprise de FSO se négocie toujours avec General Motors pour la production de « Vectra » et de « Kadett ». Et Peugeot a signé, début avril 1992, un accord de coopération avec FSL (marque « ZUK »), troisième constructeur local, pour la production de « 405 » à partir de mai 1993. Mais son projet de montage de « 605 » par GAZ en Russie bute toujours sur des questions de financement.

Ces constructeurs se sont engagés sur la base de prévisions très optimistes. Ainsi, VW, entre autres exemples, pense faire passer ses ventes en Europe centrale (ex-RDA incluse) de 863 000 unités en 1989 à 1,5-1,8 million en 1995 et 2,2-2,5 millions en l'an 2000. Le volume des ventes dépend, pourtant, autant de la solvabilité des marchés que de la stabilité politique des États. Or, sur ces deux points, les inconnues sont de taille.

Au sein de la CEE, l'importance économique, commerciale, technique et sociale de l'automobile fait du dossier automobile, après la sidérurgie, le deuxième test industriel d'importance de cette « nouvelle Europe » qui prépare le Grand Marché tant en termes de relations extérieures qu'en termes de rapports entre États européens. Vis-à-vis du Japon et des États-Unis, faute d'avoir une véritable politique industrielle à long terme, la CEE semble fonder ses choix stratégiques et tactiques sur l'idée d'un jeu à trois ensembles de constructeurs automobiles : Europe/Japon/États-Unis. Une approche plus systématique, qui inclurait également les autres acteurs industriels, et notamment l'ensemble des fournisseurs, n'est pas encore à l'ordre du jour.

BIBLIOGRAPHIE

BANVILLE E. DE, CHANARON J.-J., *Vers un système automobile européen*, Paris, CPE-Economica, 1991.

CHANARON J.-J., « L'industrie automobile : le temps des méga-alliances stratégiques », *in Économie mondiale : de Berlin à Bagdad*, CEPII, Economica, Paris, 1991.

CHANARON J.-J., *Automobile Industry Outlook*, OCDE, Paris, 1992.

TRI, *The US Japan Automotive Bilateral 1994 Trade deficit*, The University of Michigan Transportation Research Institute, Ann Arbor, 1991.

Base de données

*Marie-José Desaigues**

Cette base de données est à jour au 1er juin 1992. Les sources utilisées sont celles : du CEPII base CHELEM pour les PIB et les populations ; de la Banque mondiale pour les investissements, la dette et les exportations ; du PNUD pour l'indicateur du développement humain.

Les données du *tableau 1* correspondent à une division du monde en onze zones dont on trouvera la composition par pays dans le *tableau 2* pour les pays représentant plus de 30 milliards de dollars de PIB en 1990. Pour les zones comprenant beaucoup de petits pays, on a en outre :

— **Moyen-Orient et Maghreb :** Bahrein, Émirats arabes unis, Jordanie, Koweït, Liban, Libye, Oman, Qatar, Soudan, Tunisie, Yémen.

— **Afrique du Sud :** y compris Botswana, Lésotho, Namibie, Swaziland.

— **Extrême-Orient socialiste :** Cambodge, Corée du Nord, Laos, Vietnam.

— **Sous-continent indien :** Afghanistan, Bhoutan, Maldives, Népal.

Les données de PIB PPA sont des données du produit intérieur brut estimées en parités de pouvoir d'achat. Les PIB, au lieu d'être calculés en dollars en utilisant les taux de change observés sur les marchés, sont estimés à partir de taux de change reflétant le pouvoir d'achat réel des monnaies. Le

* Chargée de mission au CEPII.

TABLEAU 1. — LES GRANDES ZONES DE L'ÉCONOMIE MONDIALE

	Population 1990 en millions	PIB 1990 en milliards de dollars 1990	PIB par habitant en dollars 1990	TCAM population 1980-1990 en %	Indice synthétique de fécondité 1989	TCAM PIB 1980-1990 en %	TCAM PIB par habitant en %			
							1980-1990	1988	1989	1990
MONDE	5 250	26 500	4 990	1,7	3,4	3,2	1,5	3,0	1,4	1,1
Amérique du Nord	275	5 950	21 660	0,9	2,0	2,9	2,0	3,6	1,9	0,1
Europe occidentale	458	6 050	13 210	0,5	1,7	2,3	1,8	2,6	3,2	2,2
dont CEE	341	5 010	14 690	0,2	1,6	2,3	2,1	3,6	3,3	2,6
ex-URSS et Europe centrale et orientale	395	3 050	7 820	0,9	2,2	1,8	0,9	0,5	0,9	0,5
Moyen-Orient et Maghreb	268	960	3 580	3,2	5,0	1,8	−1,3	0,4	−1,0	0,2
Afrique subsaharienne	464	415	900	3,1	6,5	1,5	−1,5	0,2	0,2	0,4
Afrique du Sud	42	175	4 300	2,6	4,6	2,2	−0,4	1,3	−0,2	0,2
Amérique latine	448	1 960	4 350	2,2	3,5	1,5	−0,7	−0,6	−1,7	−0,4
Extrême-Orient à économie de marché	510	3 710	7 280	1,5	2,9	5,1	3,6	6,0	4,0	4,9
Extrême-Orient socialiste	1 211	2 420	2 000	1,3	2,5	8,1	7,0	10,0	2,4	3,3
Sous-continent indien	1 156	1 350	1 170	2,1	4,4	5,4	3,3	6,5	2,3	2,2
Océanie	26	320	12 350	1,4	2,6	2,8	1,3	1,7	1,8	−1,8

Source : CHELEM, CEPII.

TCAM : taux de croissance annuel moyen.

pouvoir d'achat d'une monnaie est défini par rapport à un panier de biens donné. Ces statistiques sont les seules à permettre une comparaison des niveaux de vie.

L'indice synthétique de fécondité de l'année *n* indique le nombre d'enfants que mettrait au monde une femme pendant sa vie en supposant que prévalent pendant celle-ci les taux de fécondité par âge observés pendant l'année *n*.

Dans le *tableau 2*, les indicateurs d'investissement et d'exportation sont rapportés au produit national brut qui inclut en plus du PIB les revenus de facteurs. Le taux d'investissement est le rapport formation brute de capital sur PNB et le taux d'exportation est le rapport des exportations de biens et de services non facteurs sur PNB.

La consommation d'énergie par habitant est calculée en équivalent pétrole rapporté à la population du pays en question. Les ratios d'endettement retenus sont ceux qui sont le plus souvent utilisés. Un ratio sur les flux qui rapporte le service de la dette — somme des paiements d'intérêts et des remboursements du principal de la dette — au total des exportations du pays. Un ratio sur les stocks qui rapporte les encours de la dette (publique et privée, long et court terme) en PNB.

Enfin l'indicateur composite du développement humain (IDH) est calculé comme une moyenne pondérée d'indicateurs portant sur le niveau de revenu, de santé, d'éducation.

Les *tableaux 3 et 4* reproduisent les matrices du commerce mondial entre les grandes zones. Ces matrices sont harmonisées, c'est-à-dire que les déclarations des exportateurs ont été réconciliées avec les déclarations des pays importateurs en procédant à divers ajustements : correction du fret, des décalages temporels, estimations des données pour les pays non déclarants, etc.

Le *tableau 5* fournit les données macroéconomiques de base pour les pays du G7 plus l'Espagne. Ces données sont reprises des perspectives économiques de l'OCDE de juin 1992.

Enfin, deux cartes proposent une vision du monde où les principaux pays ou groupes de pays figurent en proportion de leur population ou de leurs poids économique.

Tableau 2. — Les 60 principaux pays du monde

	Population 1990 en millions	PIB PPA en milliards de dollars 1990	PIB par habitant en dollars 1990	TCAM population 1980-1990 en %	Indice synthétique de fécondité	TCAM PIB 1980-1990 en %	TCAM PIB par habitant 1980-1990 en %	Taux d'investissement 1989 en % du PIB	Taux d'exportation 1989 en % du PIB	Consommation d'énergie par habitant 1989	Service de la dette en % des exportations 1990	Dette en % du PNB 1990	Indice de développement humain 1990
AMÉRIQUE DU NORD	275	5 950	21 660	0,9	2,0	2,9	2,0						
Canada	27	561	20 780	1,1	1,7	2,9	1,8	23	25	9 959	—	—	0,982
États-Unis	248	5 391	21 750	0,9	2,1	2,9	2,1	15	12	7 794	—	—	0,976
EUROPE OCCIDENTALE	458	6 050	13 210	0,5	1,7	2,3	1,8						
Autriche	7	111	14 770	−0,0	1,4	2,2	2,2	27	40	3 479	—	—	0,950
Allemagne	77	1 230	15 900	−0,1	—	2,0	2,2						
ex-RFA	61	1 058	17 400	−0,1	1,5	2,1	2,2	22	35	4 383	—	—	0,955
ex-RDA	17	172	10 380	−0,1	1,8	1,8	1,9	21	—	—	44	—	—
Belgique-Luxembourg	10	163	15 910	0,0	1,6	2,0	2,0	20	73	4 804	—	—	0,945
Danemark	5	85	16 400	0,1	1,6	2,1	2,0	19	35	3 598	—	—	0,953
Espagne	40	464	11 480	0,7	1,3	2,9	2,1	25	19	2 204	—	—	0,916
Finlande	5	81	16 070	0,5	1,7	3,2	2,6	30	24	5 547	—	—	0,953
France	55	881	15 900	0,3	1,8	2,2	1,9	21	23	3 778	—	—	0,969
Grèce	10	77	7 540	0,5	1,5	1,5	1,0	18	24	2 046	—	—	0,901
Irlande	4	39	12 260	1,1	2,1	3,5	2,3	21	67	2 499	—	—	0,921
Israël	5	56	11 860	1,9	3,0	3,3	1,3	16	34	2 019	—	—	0,939
Italie	57	877	15 290	0,2	1,3	2,2	2,0	24	19	2 721	—	—	0,922
Norvège	4	82	19 500	0,2	1,9	2,4	2,2	27	41	8 940	—	—	0,978
Pays-Bas	15	230	15 560	0,4	1,6	1,8	1,4	19	[illegible]	[illegible]	[illegible]	[illegible]	[illegible]

Portugal	10	81	7 820	0,6	1,5	2,7	2,1	30	36	1 470	—	—	0,850
Royaume-Uni	56	883	15 800	0,0	1,8	2,6	2,5	21	24	3 624	—	—	0,962
Suède	8	154	18 610	– 0,0	2,1	1,9	2,0	22	33	6 228	—	—	0,976
Suisse	6	126	20 290	– 0,3	1,6	2,1	2,3	30	38	3 913	—	—	0,977
Turquie	56	265	4 740	2,3	3,7	5,3	3,0	22	22	837	—	—	0,671
Yougoslavie	24	152	6 340	0,7	1,9	– 0,5	– 1,2	48	34	2 241	—	—	0,857
ex-URSS ET EUROPE CENTRALE ET ORIENTALE	395	3 050	7 820	0,9	2,2	1,8	0,9						
Bulgarie	9	60	6 580	0,5	2,0	0,1	– 0,2	32	31	4 719	16,7	56,9	0,865
Hongrie	11	81	7 540	0,1	1,8	0,4	0,3	26	36	3 106	48,7	65,6	0,893
Pologne	39	211	5 420	0,2	2,1	– 1,0	– 1,8	33	18	3333	4,9	82,4	0,874
Roumanie	24	111	4 660	0,7	2,3	– 1,4	– 1,4	—	—	3 514	0,4	1,1	0,733
Tchécoslovaquie	16	137	8 450	0,4	2,0	0,8	0,4	28	35	4 945	10,4	18,6	0,897
ex-URSS	291	2 472	8 500	0,9	2,3	2,5	1,5	25	—	6 804	21,0	—	—
MOYEN-ORIENT et MAGHREB	268	960	3 580	3,2	5,0	1,8	– 1,3						
Algérie	26	84	3 240	3,3	5,4	3,1	– 0,2	31	21	1 906	59,4	52,9	0,533
Arabie Saoudite	14	135	9 530	4,2	7,2	– 0,8	– 4,8	21	27	4 307	—	—	0,687
Égypte	53	117	2 220	2,5	4,5	5,2	2,6	24	22	636	25,7	126,5	0,385
Irak	19	71	3 830	3,4	6,4	– 1,9	– 5,1	—	—	752	—	—	0,589
Iran	56	244	4 340	3,8	6,2	3,4	– 0,4	30	3	1 619	—	—	0,547
Maroc	25	46	1 840	2,5	4,5	2,9	0,4	24	23	244	23,4	97,1	0,429
Syrie	13	47	3 710	3,8	6,7	2,0	– 1,7	13	33	896	26,9	118,1	0,665
AFRIQUE SUBSAHARIENNE	464	415	900	3,1	6,5	1,6	– 1,5						
Nigéria	117	130	1 110	3,3	6,2	– 0,1	– 3,3	13	34	135	20,3	117,9	0,241

TABLEAU 2. — LES 60 PRINCIPAUX PAYS DU MONDE *(suite)*

	Population 1990 en millions	*PIB 1990 en milliards de dollars 1990*	*PIB par habitant en dollars 1990*	*TCAM population 1980-1990 en %*	*Indice synthétique de fécondité*	*TCAM PIB 1980-1990 en %*	*TCAM PIB par habitant 1980-1990 en %*	*Taux d'investissement 1989 en % du PIB*	*Taux d'exportation 1989 en % du PIB*	*Consommation d'énergie par habitant 1989*	*Service de la dette en % des exportations 1990*	*Dette en % du PNB 1990*	*Indice de développement humain 1990*
AFRIQUE DU SUD	42	175	4 300	2,6	4,6	2,2	−0,4						
Afrique du Sud	37	167	4 560	2,5	4,5	2,0	−0,5	21	28	2 432	—	—	0,674
AMÉRIQUE LATINE	448	1 960	4 350	2,2	3,5	1,5	−0,7						
Argentine	33	126	3 840	1,5	2,7	−1,9	−3,4	12	16	1 718	34,1	61,7	0,833
Brésil	150	668	4 440	2,2	3,3	2,2	0,1	22	7	897	21,8	22,8	0,739
Chili	13	77	5 880	1,6	2,7	3,1	1,4	20	38	836	25,9	73,6	0,863
Colombie	32	139	4 350	2,1	2,9	3,2	1,1	20	18	754	38,9	44,3	0,758
Cuba	11	31	2 920	0,8	1,9	0,4	−0,4	—	—	—	—	—	0,732
Équateur	11	36	3 290	3,1	3,8	2,1	−1,0	22	27	648	33,2	120,6	0,641
Mexique	89	484	5 440	2,5	3,8	1,6	−0,9	17	16	1 288	27,8	42,1	0,804
Pérou	21	60	2 880	2,3	4,0	−0,7	−2,9	20	13	520	10,8	60,1	0,600
Porto-Rico	4	34	9 550	1,0	2,2	4,4	3,4	—	—	—	—	—	—
Vénézuela	21	138	6 500	3,1	3,3	0,4	−2,7	13	34	2 595	20,9	71,0	0,824
EXTRÊME-ORIENT À ÉCONOMIE DE MARCHÉ	510	3 710	7 280	1,5	2,9	5,1	3,6						
Corée du Sud	44	340	7 800	1,4	1,6	9,3	7,8	35	34	1 832	10,7	14,4	0,871
Hong-Kong	6	101	16 550	1,9	1,2	7,1	5,0	27	135	1 629	—	—	0,913
Indonésie	179	422	2 360	1,7	3,0	5,6	3,8	35	26	263	30,9	[illegible]	[illegible]

Japon	123	2 124	17 320	0,5	1,5	4,2	3,7	33	15	3 484	—	—	0,981
Malaisie	17	103	5 940	2,3	3,6	5,9	3,6	30	74	920	11,7	48,3	0,789
Philippines	62	138	2 240	2,4	4,1	1,7	−0,7	19	25	217	21,2	65,4	0,600
Singapour	3	48	17 730	1,2	1,8	7,0	5,7	35	191	6 165	—	—	0,848
Taiwan	20	193	9 430	1,4	1,7	7,0	5,5	22	56	2 491	—	—	—
Thaïlande	56	238	4 240	1,9	2,2	7,8	5,8	31	36	331	17,2	32,6	0,685
EXTRÊME-ORIENT SOCIALISTE	1 211	2 420	2 000	1,3	2,5	8,1	7,0						
Chine	1 110	2 307	2 080	1,3	2,3	8,5	7,1	36	14	591	10,3	14,4	0,612
SOUS-CONTINENT INDIEN	1 156	1 350	1 170	2,1	4,4	5,4	3,3						
Bangladesh	115	73	630	2,7	4,9	3,8	1,0	12	8	51	25,4	33,8	0,185
Inde	835	966	1 150	1,9	3,9	5,5	3,5	24	8	226	26,8	25,0	0,297
Myanrar (ex-Birmanie)	42	41	970	2,2	4,1	5,3	3,0	—	—	70	30,4	22,9	0,385
Pakistan	109	195	1 780	2,8	6,6	6,4	3,4	18	14	213	23,7	52,1	0,305
Sri-Lanka	18	37	2 070	1,9	2,5	4,1	2,2	21	27	173	13,8	73,2	0,651
OCÉANIE	26	320	12 350	1,4	2,6	2,8	1,3						
Australie	17	265	15 860	1,3	1,8	2,9	1,6	26	16	5 291	—	—	0,971
Nouvelle-Zélande	3	35	10 170	0,8	2,1	1,9	1,1	32	27	5 282	—	—	0,947

Source : CHELEM, CEPII.

TCAM : taux de croissance annuel moyen.

TABLEAU 3. — MATRICE DES EXPORTATIONS DE PRODUITS MANUFACTURÉS EN 1980 ET 1990
(en millièmes du total des échanges)

Origine / Destination		Amérique du Nord	Europe de l'Ouest	Japon	Asie en développement	Amérique latine	Monde arabe	Afrique noire	Europe de l'Est	Monde
Amérique du Nord	1980	51	41	9	15	27	8	2	1	163
	1990	**53**	**38**	**12**	**18**	**17**	**3**	**1**	**1**	**146**
Europe de l'Ouest	1980	37	363	7	20	20	45	18	26	547
	1990	**43**	**376**	**13**	**25**	**11**	**19**	**7**	**15**	**520**
Japon	1980	29	18	—	32	7	12	4	3	11
	1990	**37**	**24**	—	**34**	**4**	**4**	**1**	**1**	**109**
Asie en développement	1980	21	17	6	17	2	6	2	2	76
	1990	**42**	**29**	**14**	**46**	**2**	**3**	**2**	**2**	**143**
Amérique latine	1980	7	5	1	1	6	—	1	1	22
	1990	**13**	**5**	**1**	**2**	**4**	—	—	**1**	**27**
Monde arabe	1980	—	3	—	—	—	1	—	1	6
	1990		**3**	—	**1**	—	**1**	—	**2**	**7**
Afrique noire	1980	1	3	—	—	—	—	—	—	5
	1990	—	**2**	—	—	—	—	—	—	**3**
Europe de l'Est	1980	1	12	1	2	1	3	—	37	58
	1990	**1**	**8**	**1**	**2**	—	**1**	—	**21**	**35**
Monde	1980	149	467	25	90	63	76	27	71	1 000
	1990	**190**	**490**	**42**	**131**	**39**	**32**	**11**	**42**	**1 000**

Total mondial des exportations en 1990 : 2 555 milliards de dollars.

TABLEAU 4. — MATRICE DES EXPORTATIONS TOUS PRODUITS EN 1980 ET 1990
(en millièmes du total des échanges)

Origine / *Destination*		*Amérique du Nord*	*Europe de l'Ouest*	*Japon*	*Asie en dévelop-pement*	*Amérique latine*	*Monde arabe*	*Afrique noire*	*Europe de l'Est*	*Monde*
Amérique du Nord	1980	40	36	12	14	21	7	2	3	139
	1990	**49**	**35**	**15**	**18**	**16**	**4**	**1**	**2**	**142**
Europe de l'Ouest	1980	26	281	4	13	13	32	13	18	411
	1990	**37**	**335**	**10**	**20**	**9**	**17**	**7**	**13**	**460**
Japon	1980	17	11	—	19	4	7	2	2	65
	1990	**28**	**18**	—	**26**	**3**	**3**	**1**	**1**	**82**
Asie en développement	1980	16	14	17	20	2	5	2	3	83
	1990	**33**	**24**	**20**	**44**	**2**	**4**	**2**	**4**	**135**
Amérique latine	1980	20	14	2	1	12	1	1	4	55
	1990	**19**	**10**	**2**	**2**	**6**	**1**	—	**3**	**43**
Monde arabe	1980	18	52	22	14	7	7	1	3	126
	1990	**5**	**17**	**8**	**9**	**2**	**3**	**1**	**3**	**48**
Afrique noire	1980	7	13	1	1	2	—	1	1	26
	1990	**3**	**6**	—	**1**	**1**	—	**1**	—	**13**
Europe de l'Est	1980	1	21	1	3	3	3	—	40	72
	1990	**1**	**14**	**1**	**4**	**2**	**2**	—	**33**	**57**
Monde	1980	148	448	64	89	65	63	23	74	1 000
	1990	**177**	**466**	**60**	**129**	**41**	**34**	**12**	**58**	**1 000**

Total mondial des exportations en 1990 : 3 502 milliards de dollars.

Source : CHELEM CEPII.

Note : l'Afrique du Sud et l'Océanie ne sont pas détaillées mais sont incluses dans les totaux.

Cartes du monde
Planisphère proportionné à la population

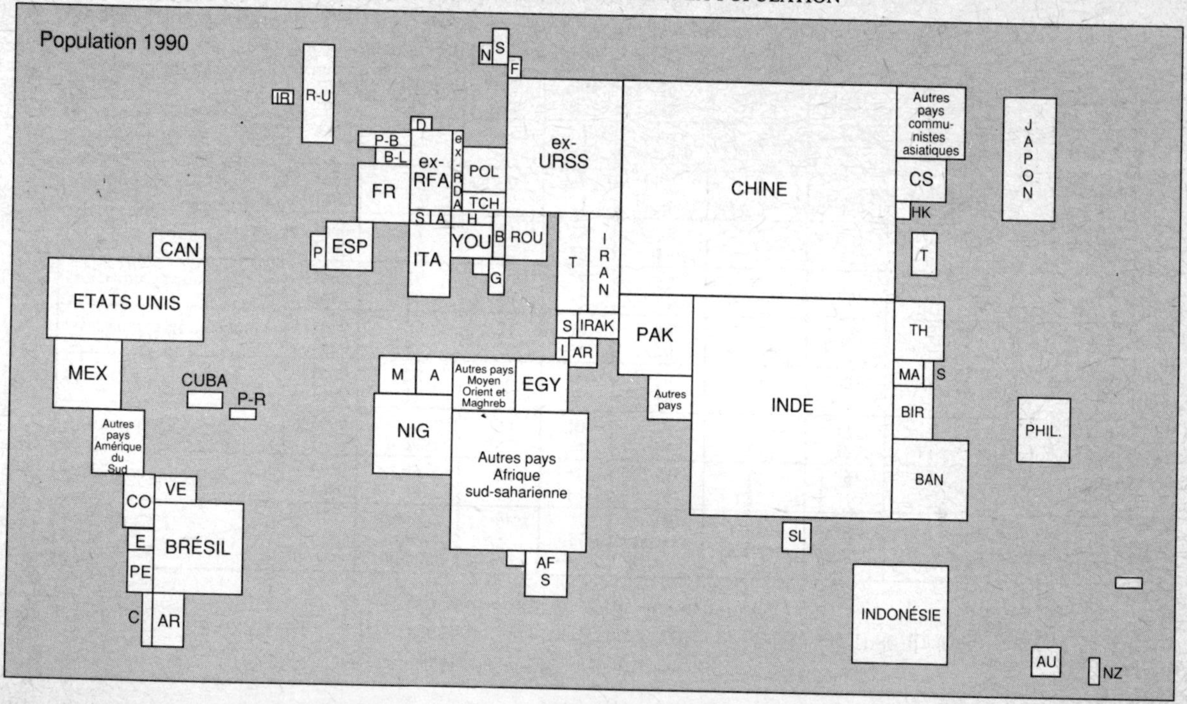

Planisphère proportionné au PIB PPA

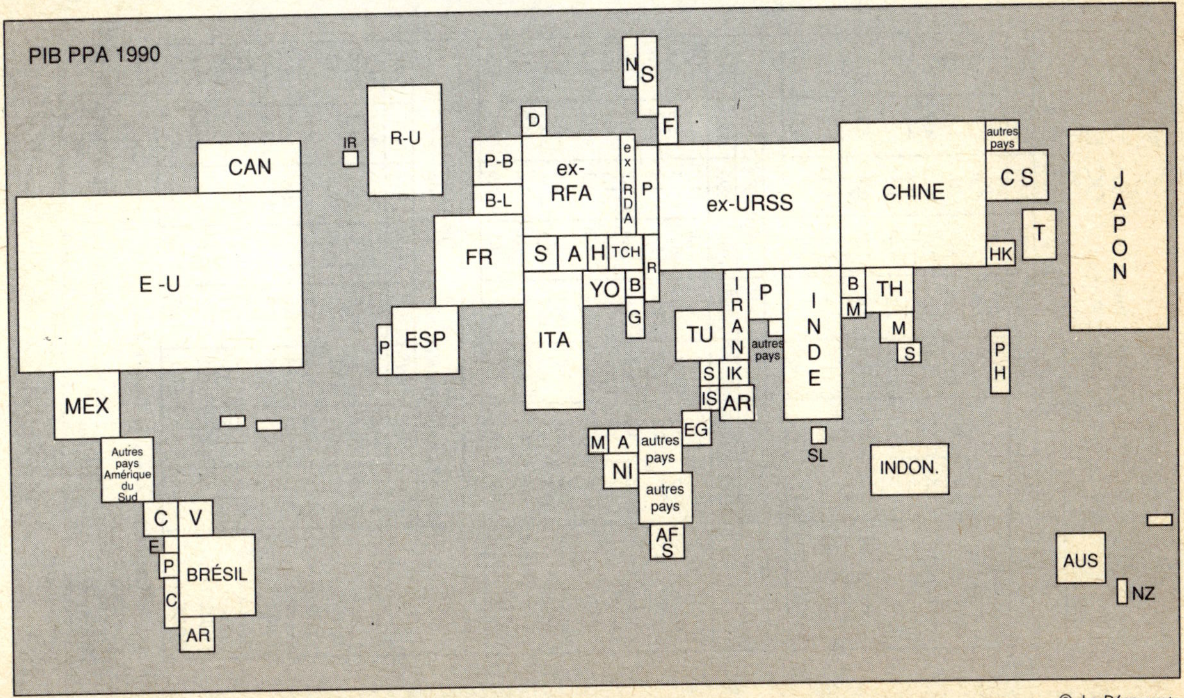

Source : voir tableau 2

Tableau 5. — Principaux indicateurs pour les principaux pays de l'OCDE

	PIB[1]				INFLATION[1]			
	1989	*1990*	*1991*[e]	*1992*[p]	*1989*	*1990*	*1991*[e]	*1992*[p]
États-Unis	2,5	1,0	− 0,7	2,1	4,4	4,1	3,7	3,0
Canada	2,5	0,5	− 1,5	2,4	4,7	3,0	2,7	1,9
Japon*	4,8	5,2	4,5	1,9	1,9	2,1	1,9	1,6
Allemagne*	3,8	4,5	3,1	1,1	2,6	3,4	4,5	4,6
France	3,9	2,8	1,2	1,7	3,2	2,8	3,1	2,9
Italie	3,1	2,0	1,1	1,2	5,9	7,5	7,0	5,7
Royaume-Uni	2,3	1,0	− 2,2	0,8	7,1	6,4	6,9	5,1
Espagne	4,7	3,7	2,4	2,6	7,0	7,3	6,8	6,0
OCDE Europe	3,4	2,9	1,1	1,3	5,6	5,7	5,9	5,2
OCDE total	3,3	2,5	0,9	1,8	4,4	4,3	4,1	3,6

	CHOMAGE[2]				SOLDE COURANT[3]			
	1989	*1990*	*1991*[e]	*1992*[p]	*1989*	*1990*	*1991*[e]	*1992*[p]
États-Unis	5,3	5,5	6,7	7,0	− 2,0	− 1,7	− 0,2	− 0,9
Canada	7,5	8,1	10,3	10,2	− 3,2	− 3,3	− 3,9	− 4,6
Japon*	2,3	2,1	2,1	2,2	2,0	1,2	2,1	2,7
Allemagne*	5,6	4,9	4,3	5,0	4,8	3,2	− 1,3	− 0,6
France	9,4	8,9	9,4	10,0	− 0,6	− 1,3	− 0,5	− 0,4
Italie	12,1	11,1	10,9	11,1	− 1,2	− 1,3	− 1,7	− 1,9
Royaume-Uni	6,2	5,9	8,3	9,9	− 4,0	− 2,6	− 0,8	− 1,1
Espagne	17,3	16,3	16,3	16,2	− 2,9	− 3,4	− 3,3	− 2,9
OCDE Europe	8,5	8,0	8,7	9,4	0,1	− 0,2	− 0,7	− 0,5
OCDE total	6,4	6,2	7,1	7,5	− 0,5	− 0,6	− 0,1	− 0,2

	SOLDE DES ADMINISTRATIONS[3]				DETTE PUBLIQUE NETTE[3]			
	1989	*1990*	*1991*[e]	*1992*[p]	*1989*	*1990*	*1991*[e]	*1992*[p]
États-Unis	+ 0,5	− 0,5	− 0,9	− 1,5	30,5	34,2	36,3	38,2
Canada	1,8	1,5	− 0,1	+ 0,7	40,3	43,3	48,3	50,9
Japon*	+ 3,3	+ 3,7	+ 2,8	+ 2,3	14,6	10,5	7,5	5,3
Allemagne*	+ 2,4	+ 0,2	− 1,1	− 1,7	22,4	20,9	22,7	25,2
France	+ 1,1	+ 0,9	+ 0,9	+ 0,4	24,7	24,6	25,2	26,3
Italie	− 1,6	− 1,4	− 0,6	− 1,1	95,9	98,2	101,3	106,2
Royaume-Uni	+ 3,6	+ 1,4	+ 0,1	− 2,9	30,5	29,1	29,5	32,5
Espagne	+ 0,3	− 0,9	− 1,0	− 1,0	30,5	31,4	33,0	34,7
OCDE Europe	+ 1,4	+ 0,5	− 0,2	− 1,0	40,6	40,3	41,8	44,2
OCDE total	+ 1,4	+ 0,8	+ 0,1	− 0,5	31,4	31,9	32,9	34,2

Source : Perspectives économiques de l'OCDE, juin 1992.

* PNB.

1. Taux de croissance annuel. 2. En % de la population active. 3. En % du PIB ou du PNB. e) Estimation. p) Prévision.

Allemagne = Allemagne de l'Ouest. Solde courant = solde de la balance des transactions courantes.

Chronologie de l'économie mondiale

*S. Guez**

1991

17 janvier. — *Irak* : opération « Tempête du désert ». La dégradation du climat économique depuis l'invasion du Koweït (2 août 1990) se prolonge et s'accentue. Le prix du pétrole dépasse 40 dollars par baril (Brent) en septembre 1990 ; le tourisme et le transport aérien sont particulièrement touchés. La fin de la guerre du Golfe, le 28 février, n'amènera pas la reprise attendue, malgré la baisse des prix du pétrole à un niveau faible, en dessous de 20 dollars le baril (prix spot Brent 38° API).

31 janvier. — *Politiques monétaires* : confrontée aux problèmes financiers issus de la réunification (2 juillet 1990), la Bundesbank, contre l'avis du G7, élève son taux d'escompte de 6 à 6,5 %, tandis que, le 1er février, le recul très sensible de l'économie américaine au dernier trimestre 1990 conduit la Federal Reserve à ramener le sien de 6,5 % à 6 %. Le 15 août, l'Allemagne élèvera encore son taux d'escompte à 7,5 %.

19 février. — *GATT* : reprise des négociations de l'Uruguay Round suspendues en décembre 1990 à Bruxelles suite à une discorde entre les États-Unis et la CEE sur la réduction des subventions aux exportations de produits agricoles.

11-12 mars. — *OPEP* : décision de réduire la production à 22,3 millions de barils par jour pour enrayer la chute des prix.

15 mars. — *Club de Paris* : annonce de la réduction par étapes de la moitié de l'encours de la dette officielle bilatérale de la Pologne et, le 25 mai, de l'Égypte, soit au total 24 milliards de dollars, deux fois plus que le total des annulations de dette accordées en treize ans par les pays de l'OCDE.

26 mars. — *Amérique du Sud* : Argentine, Brésil, Paraguay et Uruguay signent le traité d'Asuncion qui engage à créer un marché commun austral — MERCOSUR — de 190 millions d'habitants au 1er janvier 1995.

15 avril. — *Afrique du Sud* : à la suite de la promesse d'abolition des dernières lois régissant l'*apartheid* formulée le 1er février par le président De

* Collaborateur extérieur du CEPII. Cette chronologie est la suite de celle qui est parue fin 1990 dans *De Berlin à Bagdad*, Economica, 1991.

Klerk, la CEE lève partiellement les sanctions votées en septembre 1986 contre l'État ségrégationniste. L'abolition effective des lois précitées (5 et 17 juin) conduira les États-Unis (le 10 juillet) et le Commonwealth (le 21 octobre) à adopter une attitude similaire.

15 avril. — *BERD* : entrée en fonction de la Banque européenne pour la reconstruction et le développement de l'Europe de l'Est. Présidée par Jacques Attali, la BERD a pour actionnaires principaux les membres du G7 (États-Unis, 10 % ; Japon, Allemagne, France, Royaume-Uni et Italie, 8,52 % ; et 3,40 % pour le Canada ; soit un total de 56 %).

18 mai. — *Pacte andin* : Bolivie, Colombie, Équateur, Pérou et Vénézuela, pays signataires du Pacte andin, annoncent la constitution d'une zone de libre-échange.

12 juin. — *Amérique du Nord* : États-Unis, Mexique et Canada entament la négociation d'un traité de libre-échange : l'accord de libre-échange pour l'Amérique du Nord, ou NAFTA. Un tel accord est déjà en vigueur depuis le 1er janvier 1989 entre les États-Unis et le Canada. Si la négociation aboutit, l'accord rassemblera 364 millions d'habitants de niveaux de vie très disparates.

25 juin. — *Yougoslavie* : la proclamation d'indépendance de la Croatie et de la Slovénie est suivie d'affrontements armés qui ne sont que les prémices d'un conflit sanglant qui déchirera la Croatie, puis la Bosnie. Ce drame calme l'ardeur des investisseurs occidentaux dans les autres pays de l'Est.

28 juin. — *CAEM* : le Conseil d'aide économique mutuelle, ou COMECON, créé en 1949 pour coordonner la politique économique des pays de l'Est, est officiellement dissous. Le rouble transférable avait déjà été remplacé par les devises au 1er janvier pour régler les transactions entre pays membres. Le 1er juillet, le pacte de Varsovie, alliance militaire des pays de l'Est, sera dissous.

1er juillet. — *Japon* : le taux d'escompte est ramené de 6 % à 5,5 %. Cette baisse, la première depuis février 1987, traduit un assouplissement de la politique monétaire pour soutenir la Bourse et enrayer le ralentissement de la croissance. Le fléchissement de l'économie japonaise justifiera de nouvelles réductions du taux d'escompte, à 5 % le 14 novembre, puis à 4,5 % le 30 décembre et à 3,75 % le 1er avril 1992.

CEE : la Suède, membre de l'AELE (Association européenne de libre-échange), fait officiellement acte de candidature. Elle sera imitée le 18 mars 1992 par la Finlande. Ces pays s'ajoutent à l'Autriche (juillet 1989) sur la liste des candidats convaincus des avantages du Marché unique de 1993 (Malte, Chypre, et la Turquie sont aussi en attente).

3 juillet. — *États-Unis* : IBM et Apple signent un accord pour le développement des logiciels qui sera élargi le 2 octobre dans le sens d'une coopération globale.

15-17 juillet. — *G7* : sommet annuel à Londres. Les sept grands pays industrialisés renouvellent leur soutien politique à M. Gorbatchev, qu'ils ont accepté d'inviter en clôture du sommet, mais restent prudents quant à l'aide financière demandée. Ils proposent l'adhésion de l'URSS au FMI et à la Banque mondiale comme membre associé, proposition qui sera approuvée le 5 octobre 1991 par ces organisations.

26 juillet. — *CEE-Japon* : des « éléments de consensus » ont été trouvés entre la Commission de Bruxelles et le MITI portant élimination progressive des quotas à l'importation de véhicules automobiles pour les particuliers, jusqu'à l'extinction complète en l'an 2000.

10-12 août. — *Chine-Japon* : première visite d'un Premier ministre japonais, T. Kaifu. Cette visite rompt l'isolement politique imposé par les grandes puissances à la Chine depuis la répression du « Printemps de Pékin » en juin 1989. L'isolement économique avait déjà été rompu en juillet 1990 par le Japon (par les États-Unis en mai 1990, la Banque mondiale en septembre et la CEE en octobre).

22 août. — *Inde* : le FMI ouvre une ligne de crédit de 6 milliards de dollars. Le nouveau gouvernement issu des élections du 15 juin, dirigé par Narasimha Rao, successeur de Rajiv Gandhi (assassiné le 21 mai) à la tête du Parti du Congrès, s'est en effet engagé à rompre avec plus de quarante ans de dirigisme économique, décision que R. Gandhi n'était pas parvenu à imposer. L'endettement de l'Inde s'est considérablement accru ces dernières années, ce qui a renforcé les pressions du FMI en faveur des réformes.

13 septembre. — *États-Unis* : le taux d'escompte est ramené de 5,5 % à 5 %. La récession, qui perdure, justifiera de nouvelles réductions, le 11 novembre à 4,5 %, puis le 20 décembre à 3,5 %, niveau le plus bas depuis 1964, malgré un déficit budgétaire de nouveau en croissance.

3 octobre. — *CEE* : la Commission européenne s'oppose au rachat par Aérospatiale (France) et Alenia (Italie) du constructeur aéronautique canadien De Havilland. Cette décision, vivement critiquée, conduira, le 5 février 1992, à réduire les prérogatives du commissaire à la Concurrence.

4 octobre. — *Suède* : formation d'un gouvernement de centre droit issu des élections du 15 septembre. Il se déclare décidé à réformer le « modèle suédois » qui fonde la redistribution sociale sur d'importants prélèvements obligatoires.

15 novembre. — *APEC (Asian Pacific Economic Cooperation forum)* : à Séoul, les onze pays fondateurs accueillent les trois Chine (du continent, Taiwan et de Hong Kong) pour former un groupe de coopération économique multilatéral de quinze pays soutenant les objectifs du GATT. Une opposition forte existe entre certains pays de l'ANSEA (la Malaysia en premier) et les autres, car l'ANSEA souhaite créer une zone commerciale limitée aux pays d'Asie. Le Japon, la Corée du Sud et Taiwan, mais aussi les États-Unis et l'Australie freinent ces ardeurs régionalistes.

21 novembre. — *URSS-G7* : les douze républiques de l'URSS (les pays baltes sont indépendants depuis septembre) ayant accepté, le 28 octobre, le partage des responsabilités pour les 70 milliards de dollars de la dette publique extérieure soviétique, le G7 signe avec huit d'entre elles un accord qui prévoit un moratoire d'un an pour le paiement des intérêts. Néanmoins, le 5 décembre, le remboursement du principal de la dette contractée auprès des banques occidentales sera suspendu unilatéralement par la Vneshekonombank (banque centrale de l'ex-URSS). Le 26 mars 1992, ces banques accorderont à la CEI (ex-URSS) un moratoire de trois mois.

8 décembre. — *URSS* : les présidents de Russie, d'Ukraine et de Biélorussie, bientôt rejoints par huit autres républiques, décident la constitution d'une Communauté d'États indépendants (CEI) et constatent la disparition de l'URSS. C'est le putsch manqué du 18 août 1991 qui a accéléré le processus.

9-10 décembre. — *CEE* : sommet européen de Maastricht. Accords pour la signature d'un nouveau traité qui définit les étapes de l'union économique, monétaire, sociale et politique. Une monnaie unique devrait être adoptée avant le 1er janvier 1999. Le Royaume-Uni a obtenu une exemption en ce domaine et refuse l'Europe sociale. Le traité sera signé par les chefs d'État le 7 février 1992. La ratification du traité emprunte des procédures propres à chaque pays. Le Danemark a voté non par référendum en juin 1992.

19 décembre. — *Allemagne* : le taux d'escompte est porté à 8 %, son plus haut niveau depuis 1945, pour ralentir l'inflation (4,2 % sur un an en novembre). Pour l'Allemagne, les répercussions de sa politique monétaire chez ses partenaires européens et, notamment, en France sont secondaires.

19-25 décembre. — *URSS* : le 19, la Russie s'attribue l'essentiel des institutions de l'URSS ; le 25, démission de M. Gorbatchev. Les nouvelles autorités décident immédiatement une vague de libération des prix pour le 2 janvier 1992 en Russie et dans la plupart des autres États de la CEI.

1992

27-28 janvier. — *ANSEA* : lors de son IVe sommet, à Singapour, les pays de l'Association des nations du Sud-Est asiatique décident de créer d'ici dix ans une zone de libre-échange (AFTA : Asian Free Trade Association). Les pays de l'Indochine envisagent d'adhérer à l'ANSEA.

28 janvier. — *États-Unis* : George Bush annonce dans son discours sur l'état de l'Union un plan de relance fondé sur des allégements fiscaux favorables à la consommation et à l'investissement.

18 mars. — *Commerce mondial* : le GATT annonce le ralentissement de la croissance du commerce mondial pour la troisième année consécutive (3 % en volume en 1991 contre 5 % en 1990, et 1,5 % en valeur contre 13,5 % en 1990).

GATT : suite à une plainte américaine du 4 décembre 1991, le GATT condamne la CEE pour son aide aux producteurs d'oléagineux. Le 31 mars, la CEE rejettera cette condamnation. Les négociations CEE-États-Unis sur la limitation des aides publiques aux industries aéronautiques sont également dans l'impasse. Le 23 mars, l'accord sur les services sera bloqué par les États-Unis qui demandent que 75 % des échanges en ce domaine soient dispensés de la clause de la nation la plus favorisée. Ces divergences retarderont la conclusion des négociations pourtant promise pour le 15 avril.

1er avril. — *G7-CEI* : le G7 annonce un vaste programme d'aide aux pays de la CEI, dont 24 milliards de dollars pour la seule Russie (11 milliards d'aides et crédits de la part du G7, 6 du FMI pour la stabilisation du rouble, 4,5 de prêts des institutions financières internationales et 2,5 de report de dette).

3 avril. — *CEE* : l'escudo, monnaie portugaise, entre dans le SME et s'ajoute aux dix autres monnaies européennes qui composent l'écu, la livre sterling l'avait précédé le 8 octobre 1990. Seule la drachme grecque reste encore à l'écart.

7-8 avril. — *Japon* : la Bourse de Tokyo, qui perd 7 %, est à son plus bas niveau depuis 1986. Malgré une reprise de 7,5 % le 10 avril. Le dégonflement de la bulle spéculative japonaise entamé en 1990 — avec un recul de 37 % de l'indice Nikkei suivi d'une année de stabilisation — n'est pas encore achevé.

26 avril. — *G7* : le Japon et l'Allemagne sont invités par leurs partenaires du G7 à modifier leur politique économique dans le sens d'une relance, pour le premier, et d'une détente des taux d'intérêt, pour la seconde.

27 avril-8 mai. — *Allemagne* : un vaste mouvement de grèves dans la fonction publique pour obtenir des hausses de salaires substantielles paralyse le pays. Ce mouvement traduit les difficultés de la réunification et ses répercussions sociales. Cependant, un compromis sera trouvé qui préserve la longue tradition de politique contractuelle au prix d'une hausse d'environ 6 % (une hausse équivalente sera obtenue dans le secteur privé).

27 avril. — *FMI-Banque mondiale*: approbation de l'entrée au FMI des républiques de l'ex-URSS (excepté l'Azerbaïdjan). Les mêmes États (excepté le Turkménistan) sont accueillis à la Banque mondiale.

2 mai. — *EEE*: suite à l'accord du 22 octobre 1991, la CEE et l'AELE (Association européenne de libre-échange) signent à Porto le traité portant création, au 1er janvier 1993, de l'Espace économique européen (EEE), zone de libre-échange réunissant la CEE et l'AELE, qui constituera le plus grand marché mondial.

17 mai. — *Suisse*: les électeurs suisses approuvent par référendum la demande d'adhésion de leur pays au FMI et à la Banque mondiale. Ce vote, qui constitue une rupture avec un traditionnel comportement isolationniste, sera suivi d'une demande d'examen des conditions d'adhésion à la CEE.

21 mai. — *CEE*: réforme fondamentale de la politique agricole commune (PAC) — inspirée par le plan McSharry —, qui prévoit, notamment, la suppression du système des prix garantis, qui favorisait la surproduction, et des subventions à l'exportation, qui déprimaient les prix mondiaux, plus l'introduction d'un système de primes pour mises en jachère. Les pertes de revenus seront compensées par des aides directes aux exploitants. Cette réforme ne suffira pas à désarmer l'opposition américaine à la PAC, opposition qui bloque les négociations du GATT.

30 mai. — *Serbie et Monténégro*: le Conseil de sécurité de l'ONU vote un embargo commercial, pétrolier et aérien pour sanctionner leur agression contre la Bosnie-Herzégovine.

Table

LA COMPÉTITION TECHNOLOGIQUE ET INDUSTRIELLE

Dans la collection "Repères"
Entre parenthèses : année de la dernière édition

Les grandes questions internationales

Les banques (1991)
Le commerce international (1992)
Le chômage (1991)
Le dollar (1989)
La dette du tiers monde (1991)
L'économie mondiale (1989)
L'économie mondiale de l'énergie (1990)
L'économie mondiale des matières premières (1989)
L'économie des services (oct. 1992)
L'Europe (1992)
L'Europe monétaire (1992)
La faim dans le monde (1991)
Inflation et désinflation (1990)
Les menaces globales sur l'environnement (1990)
La monnaie et ses mécanismes (1992)
Les multinationales (1990)
Les nouveaux produits financiers (1989)
La population mondiale (1992)
Les relations Nord-Sud (1991)
Le système monétaire international (1991)
Les taux de change (1991)
Le tiers monde (1991)

Les grandes économies

L'économie britannique depuis 1945 (1992)
L'économie chinoise (février 1993)
L'économie de la RFA (1989)
L'économie des États-Unis (1989)
L'économie de l'URSS (1989)

Théories économiques

L'économie néo-classique (1991)
L'économie des organisations (1992)
Introduction à la microéconomie (1992)
Les nouvelles théories du marché du travail (1992)
La science économique en France (1989)
Les théories des crises économiques (1991)
Les théories économiques du développement (1992)

Et aussi

L'analyse de la conjoncture (1990)
Les biotechnologies (1988)
La Bourse (1990)
Le budget de l'État (1989)
Le calcul économique (1990)
Le capitalisme historique (1990)
Les catégories socioprofessionnelles (1992)
Les cheminots (1984)
Le commerce extérieur de la France (1989)
Le comportement électoral des Français (1990)
La comptabilité nationale (1992)
La consommation des Français (1991)
Le Crédit agricole (1985)
La crise dans les pays de l'Est (1990)
La décentralisation (1992)
La démographie (1992)
L'économie des armes (1984)
L'emploi en France (1991)
L'ergonomie (1990)
La formation professionnelle continue (1990)
La guerre des étoiles (1986)
Histoire de l'Algérie coloniale, 1830-1954 (1991)
L'histoire des États-Unis depuis 1945 (1992)
L'histoire en France (1990)
Histoire de la philosophie (1991)
L'immigration (1990)
L'indice des prix (1992)
L'industrie française (1990)
Informatique et libertés (1987)
L'islam (1991)
Les jeunes (1990)
Les médecins (1987)
La mobilité sociale (1991)
La monétique (1987)
Nouvelle histoire économique de la France contemporaine :
   2. *L'industrialisation (1830-1914)* (1989)
   4. *L'économie ouverte (1948-1990)* (1992)
Les nouvelles politiques sociales du patronat (1985)
Le patrimoine des Français (1989)
Le pétrole (1986)
Les policiers (1983)
La population française (1992)
La presse en France (1990)

La protection sociale (1989)
La publicité (1990)
Le revenu minimum garanti (1991)
Les revenus en France (1989)
La sociologie en France (1991)
Les sondages d'opinion (1989)
Les télécommunications (1986)
La télévision (1991)
Travail et travailleurs aux États-Unis (1991)
Travail et travailleurs en Grande-Bretagne (1985)
Les travailleurs sociaux (1992)
L'urbanisme (1991)

La collection Repères *est animée par Jean-Paul Piriou, avec la collaboration de Bernard Colasse, Hervé Hamon, Dominique Merllié et Christophe Prochasson.*

Composition Facompo, Lisieux
Achevé d'imprimer en août 1992
sur les presses de l'imprimerie Carlo Descamps
Dépôt légal : août 1992
Numéro d'imprimeur : 7553
Premier tirage : 8 000 exemplaires
ISBN 2-7071-2147-9